초급한국어 Ⅰ

저자 소개

최주열 교육부교재 개발위원회 위원장
선문대학교 언어문화학과 교수 / 교육대학원 교수

라혜민 교육부교재 개발위원회 부위원장 / 초급 교재개발 책임 연구원
선문대학교 교양대학 교수 / 교육대학원 교수

우인혜 최고급 교재개발 책임 연구원
선문대학교 언어문화학과 교수 / 교육대학원 교수

조익행 고급 교재개발 책임 연구원
선문대학교 한국어교육원 / 교육대학원 외래교수

조한식 중급 교재개발 책임 연구원
선문대학교 한국어교육원 외래교수

이혜영 선문대학교 한국어교육원 외래교수

안재홍 선문대학교 한국어교육원 외래교수

사중희경 선문대학교 한국어교육원 외래교수

영어 번역 Wonho David Woo, 김순영 **번역 감수** Wonho David Woo, Susan Schroeder
일어 번역 가사이 키미에 **감수** 조한식
중국어 번역 김지은 **감수** 김숙자
삽화 왕양

초급 한국어 1

1판 1쇄 인쇄일 / 2008년 8월 20일
2판 1쇄 발행일 / 2011년 8월 20일
2판 2쇄 발행일 / 2013년 3월 30일
2판 3쇄 발행일 / 2015년 2월 25일
지은이 / 선문대학교 한국어교육원
　　　　최주열, 라혜민, 우인혜, 조익행, 조한식, 이혜영, 안재홍, 사중희경
펴낸이 / 김진수
펴낸곳 / **한국문화사**
　　　　133-825 서울시 성동구 광나루로 130 서울숲IT캐슬 1310호
　　　　전화 : (02) 464-7708, 3409-4488, 팩스 : (02) 499-0846
　　　　등록번호 : 제2-1276호(1991.11.9 등록)
　　　　E-mail : hkm7708@hanmail.net / homepage : www.hankookmunhwasa.co.kr

ISBN 978-89-5726-887-2 14710
　　　　978-89-5726-584-0 (전4권)

초급한국어

I

한국문화사

머리말

언어의 기능은 참으로 다양한데, 그 중 가장 중요한 것은 모든 존재 간의 관계를 맺어 주는 역할을 한다는 것이다. 두 사람의 관계에서부터 가족 간의 관계, 이웃관계, 집단과 집단, 기관과 기관 등 모든 사회관계, 국가관계, 국제관계에 이르기까지 모든 존재의 통합적이고 유기적 관계의 매체는 언어가 되고 있다. 이것은 무엇보다도 인간의 마음을 전달하는 매체로 언어가 가장 큰 역할을 하기 때문이다. 따라서 언어는 다양한 인간의 마음을 가장 잘 전달할 수 있는 기능을 해야 할 것이다.

근래 한국어에 대한 관심은 아시아 지역을 넘어 세계적으로 확산되고 있다. 이러한 현상은 한국의 경제발전과 전통문화에 대한 관심도 큰 역할을 하겠지만 한국어 자체에 대한 우수성이 더 큰 요인이 될 것이다. 한국어는 표음문자로 인가의 기관에 바탕을 두고 창조된 과학적인 언어이기 때문이다.

선문대학교 한국어교육원에서는 그 동안 많은 교재를 발간해 오면서 무엇보다도 한국의 아름다운 전통과 살아 있는 얼을 담을 수 있는 내용에 관심을 가져왔다. 본원의 교재로 한국어를 공부하면 보다 차원 높은 언어의 기능과 가치를 창출할 수 있는 화자가 될 수 있도록 정성을 들였다. 특히 이번에 발간되는 한국어 교재는 그 동안 많은 교재들을 연구 분석하여 언어습득에 있어서 최대의 효과를 얻을 수 있도록 어휘 선택에서부터 단원 구성에 이르기까지 학습자가 자연스럽게 한국어를 습득할 수 있도록 만들어졌다. 또한 각 급별 단계를 14단계로 나누어 학습자의 언어 수준에 맞게 학습할 수 있도록 교재를 제작하였으며, 실제 교육 현장에서 강의를 담당하는 여러 선생님들을 교재 개발에 참여케 하여 많은

경험을 살려 나갈 수 있도록 하였다.

　이 교재를 새롭게 개발하게 된 것은 교육인적자원부와 선문대학교의 지원 덕분이다. 한국어 학습자가 다양해지고 각기 다른 사회적 배경을 갖고 있는 국가로부터 한국어교재에 대한 요구가 많은 시점에서 새로운 교재를 개발할 수 있도록 협조해 주신 두 기관에 진심으로 감사를 드린다. 또한 수 차례의 회의를 거쳐 교재 구성에 대한 협의를 하고 학습현장에서 검증을 위해 수고해 주신 교수진들과 선생님들에게도 감사를 드린다. 그리고 개정판이 나올 수 있도록 적극 도와 주신 문국진 이사장님과 황선조 총장님께 감사드리며 아울러 한국문화사 사장님 이하 관계자들께도 고마운 마음을 전하는 바이다.

2015년 2월 22일
선문대학교 한국어교육원
원장　이경오

일러두기

　이 교재는 교육인적자원부와 선문대학교의 연구비를 지원 받아, 1989년 이후 한국어교육에 꾸준한 성과를 거두고 있는 선문대학교 한국어교육원 교·강사의 공동 연구에 의해 개발되었다. 외국인 성인 학습자들의 학습 능력과 성취도를 13단계로 세분화하여 초급 1-4단계, 중급 1-4단계, 고급 1-4단계, 그리고 최고급의 14권의 교재를 발간한 것이 큰 특징이라 할 수 있다. 이 일러두기는 초급 교재에 대한 것으로, 그 내용을 살펴보면 다음과 같다.

1. 초급 교재는 초급 Ⅰ 8개 과, 초급 Ⅱ 8개 과, 초급 Ⅲ 8개 과, 초급 Ⅳ 8개 과 모두 32개 과로 구성하였다. 초급 Ⅰ권에서는 자음과 모음, 받침, 인사를 시작으로 다양한 그림과 함께 기초 한국어를 배우도록 하였으며, 초급 Ⅱ권에서는 요일과 날짜, 시간, 가족 소개, 주문 등 일상적인 회화를 배울 수 있게 하였다.

2. 초급 Ⅲ권에서는 날씨와 물건 사기, 전화하기, 우체국, 은행, 미용실 등의 실제 생활 회화를, 초급 Ⅳ권에서는 취미와 표 예매하기, 초대, 설과 추석, 편지쓰기 등 심화된 내용을 학습토록 하였다.

3. 각 과에는 학습 목표와 학습 내용을 앞부분에 제시하여 학습할 내용이 무엇인지 알 수 있도록 하였으며, 준비학습, 듣고 말하기, 문법과 표현, 활용연습, 본문, 내용 이해 질문과 어휘와 표현, 발음과 과제활동의 순으로 구성하였다.

4. 준비 학습을 통해서는 듣기와 말하기를 연계하여 듣기능력과 의사소통 능력 향상을 주 목표로 삼아 그림 등의 시각 자료를 통해 학습자가 인지능력을 활용하여 학습할 상황과 내용을 쉽게 이해하도록 하였다.

5. 총 4권의 초급 교재를 통해 110개 정도의 문법과 문형을 학습할 수 있게 구성하였는데, 특히 문법은 그림을 통해 쉽게 인지, 학습한 후 활용연습과 과제 활동을 통해 쓰기와 말하기로 학습자가 직접 연습하고 확인하도록 하였다.

6. 어휘는 각 과에서 필요로 하는 단어를 선정, 제시하여 학습할 수 있게 하였고, 책 마지막에 영어와 일어, 중국어로 번역한 어휘 목록을 실어서 사전 없이도 의미를 이해하기 쉽게 하였다. 4권의 초급 교재를 통해 배우는 단어는 약 2,000개로 여러 번 반복하여 제시함으로써 학습자들의 어휘 습득에 도움이 되도록 배려하였다.

7. 문화 읽기를 통해 한국의 문화를 이해하는 데 도움이 되도록 그림 자료와 함께 번역을 실었다.

과제 중심과 학습자 중심의 교수 전략을 바탕으로 개발한 한국어 초급 교재를 통해 한국어를 배우는 학습자들이 쉽고 재미있게 학습할 수 있기를 바라며, 이 책에 대한 소개를 마친다.

Introductory remarks

The work on this textbook has been possible through the funding from the Korean Ministry of Education & Human Resources Development for recognizing the accomplishments achieved in Korean as Second Language Education to non-native speakers by Sun Moon University' faculty and lecturers. The textbook series comes in 14 volumes of different levels, four volumes for Beginning, Intermediate, Advanced levels and two volumes for High-Advanced levels. The specifics for the Beginning textbooks are as follows:

1. Each of the four Beginning textbooks has 8 lessons. Beginning Ⅰ begins with vowels and consonants and basic greetings to introduce the basics of the Korean language with interesting pictures and visual aids. Beginning Ⅱ introduces Days of the Week, Dates, Time, Introducing the Family, Asking Questions, and basics of Korean conversation.

2. Beginning Ⅲ introduces the Weather, Buying Items, Calling on the Telephone, Postoffice, Bank, Beauty Salon, and situations encountered in real-life. Beginning Ⅳ introduces situations on Hobbies, Buying a Ticket, Invitations, Harvest Festival and Lunar New - Year, Letter Writing and other more advanced situations.

3. Each lesson begins with an introduction that explains the goals and contents of the lesson and also contains Lesson Preparation, Listen and Speak, Grammar and Expressions, Exercises, Questions, Vocabulary, Pronunciation, and Homework.

4. In Lesson Preparation, visual aids are used to freely elicit out discussions on the lesson to practice their listening and conversation skills and to connect these two skills.

5. The Beginning textbooks contain 110 grammar and sentence structures that will be taught to learners. Especially grammar will be taught through the use of visual aids, and exercises entail writing and speaking so that learners can practice and make self-corrections.

6. Vocabulary is introduced in the lessons, and the entire glossary is listed at the end of each book into translations of English, Japanese, and Chinese so that no pictorial reference is required to understand the meaning. 2,000 vocabulary will be taught through the four beginning textbooks, and the repetition of these words will aid the learner in acquiring the language.

7. Cultural readings will assist the learner in understanding Korean society with the addition of visual aids.

Through the exercise -centered and learner-centered approaches in developing these Beginning Level Korean textbooks, we hope that the learner can have fun while developing their Korean language skills.

はじめに

この教材は 教育人的資源部と鮮文大学校の研究費という支援を受け。　1989年以降韓国語教育に堅実な成果を得ている鮮文大学韓国語教育院の教師・講師達の共同研究によって開発されたものです。成人した外国人学習者達の学習能力と成就度を14段階に細かく分け。初級1-4段階。中級1-4段階, 高級1-4段階 そして最高級の14冊の教材を発行しました。このはしがきは初級教材に対するものであり。その内容は以下の通りです。

1. 初級教材は初級I（全8課）、初級II（全8課）、初級III（全8課）、初級IV（全8課）の全32課で構成されています。初級1巻では子音と母音、パッチム、挨拶を始めとして多様な絵と一緒に基礎的な韓国語を学べるようにしてあり、初級2巻では曜日や日にち、時間、家族紹介、注文などの日常的な会話を学ぶことができます。

2. 初級3巻では天気や買い物、電話、郵便局、銀行、美容室などで使う実践生活会話を、初級4巻では趣味やチケット予約、招待、お正月とお盆、手紙など更に深い内容を学習します。

3. 各課には学習目標と学習内容を最初の部分に提示し、学習する内容が何かを分かりやすくしてあり、準備学習、聞いて話す、文法と表現、活用練習、本文、内容理解に関する質問、語彙と表現、発音、課題活動の順で構成されています。

4. 準備学習を通しては、聞き取りと会話を連係して聞き取り能力とコミュニケーション能力の向上を主な目標とし、絵などの視覚資料を通して学習者が認知能力を活用して学習する状況と内容を簡単に理解できるようにしました。

5. 初級教材4巻を通して110個ほどの文法と文型を学習できるよう構成してありますが、特に文法は絵を通して分かりやすく学ぶことができ、学習した後には活用練習と課題活動を通して書き取りと会話で学習者が直接練習して確認できるようにしました。

6. 語彙は各課で必要になる単語がそれぞれ収録されています。また、本の最後に英語・日本語・中国語で翻訳した語彙目録を収録し、辞書がなくても意味を理解できるようになっています。初級4巻を通して学ぶ単語は約2千個で、何度か繰り返して提示することによって学習者達の語彙習得に役立つよう配慮しました。

7. 韓国文化の理解に役立つよう、絵と翻訳付きの韓国文化に対する文も収録されています。

　　課題中心と学習者中心の教授戦略をもとに開発されたこの韓国語初級教材を通して、韓国語を学ぶ学習者達が易しく面白く学習できることを願いながら、この本の紹介を終えたいと思います。

导言

　　此教材在经费上得到教育人的资源部以及鲜文大学的研究费资助 °内容是依照自1989年起，在韩国语教育上坚持不懈，而得到丰盈成果的鲜文大学韩国语教育院教师，讲师苏共同研究的结果来撰写的 °以外国成年人学者的学习能力以及成就度，　细分为14阶段：初级1~4段，中级1~4段，高级1~4段，最高级1~2段的14册教材的发行，更是其一大特征 °此导言是为了初级教材所写，其详细的内容如下。

1 °初级教材，在初级I册8课，初级II册8课，初级III册8课，初级IV册8课，总共32课而构成。初级I册里所当-子音，母音，收音，日常对话来作开始，而且为了基础韩国语学习者附上了图片 °初级II册则学习星期，日子，时间，家庭介绍，订购物品等日常的会话。

2 °初级第III册有天气，购买物品，打电话，邮局，银行，美容院等实际生活会话等；初级第IV册则学习有关兴趣，预定入场券，请客，春节与中秋节，写信等深入内容。

3 °各课的前面部分提示「学习目标」，「学习内容」，明确的可知道各课学习内容为何，其后则以「课前准备」，「听说」，「语法及表现」，「练习及活用」，「课文」，「内容理解测定问题」和「词汇及其使用」，「发音」，以及「课程活动」的顺序来构成。

4 °透过课前准备，将听和说的能力连结起来，以听力和沟通意见的能力进步为目标，透过图片等的视觉资料，活用学习者的认知能力，所学习的内容及其场合都可以简单的理解。

5 °在初级教材4册里, 可以学到大约110个的语法以及句型, 特别是语法透过图片能容易
   理解, 每课学完之后的课程活动来会写出, 说的能力直接作练习, 能确认学习效果。

6 °词汇的部分, 则选定, 挑出各课中所必要有用并可学习的单词, 在每册的后面都附上
   英文, 日文, 中文的单词翻译目录, 就算没有辞典也能了解其意义 °在初级的4册当
   中, 可以学到约2000个单词, 以把教材内容出现很多次的方式 °来可帮助学习者学习
   词汇。

7 °透过阅读文化的单元, 附上图片资料以及翻译, 助于理解韩国文化。

   透过以学生及教材为中心的教授战略为基础, 所撰写的初级教材, 学习者可以轻松且
   有趣的学习。

   以上是对本教材的介绍。

알아둡시다 (Let's remember.)		
선생님 teacher	책을 보세요.	Look at your book. 本を見てください。 / 请看书。
	잘 들으세요.	Listen carefully. 良く聞いてください。 / 请听好。
	따라 읽으세요.	Repeat after me. 続けて読んでください。 / 请跟着念。
	읽어 보세요.	Please read. 読んでみてください。 / 清读一下。
	크게 말하세요.	Speak loudly. 大きな声で話してください。 / 请大声说。
	여기 보세요.	Look here. ここを見てください。 / 请看这边。
	한국말로 하세요.	Say it in Korean. 韓国語で話してください。 / 请用韩国语说。
	질문 있어요?	Do you have a any questions? 質問はありますか？ / 有提问吗？
	같이 대답하세요.	Please answer together. 一緒に答えてください。 / 请大家一起回答。
	알겠어요?	Do you understand? 分かりましたか？ / 明白了吗？
	맞았어요.	You're right. 合っています。 / 对了。
	틀렸어요.	You're wrong. 間違っています。 / 错了。
	쓰세요.	Write. 書いてください。 / 请写一下。
	같이 해 보세요.	Do it together. 一緒にやってみてください。 / 一起做一下。
	숙제예요.	This is your homework. 宿題です。 / 是作业。
	잘 했어요.	Very good. 良くできました。 / 做得好。
	외우세요.	Please memorize this. 覚えてください。 / 请背下来。

	수고했습니다.	You did a good job. お疲れ様でした。/ 辛苦了。	
	내일 만납시다.	See you tomorrow. 明日会いましょう。/ 明天见。	
	책을 보세요.	Please look at the book. 本を見てください。/ 请看书。	
	책을 보지 마세요.	Don't look at the book. 本を見ないでください。/ 请别看书。	
학생 student	천천히 말해 주세요.	Please speak slowly. ゆっくり話してください。/ 请慢点讲。	
	다시 말해 주세요.	Please say it again. もう一度言ってください。/ 请再说一遍。	
	알겠습니다.	I understand. 分かりました。/ 明白了。	
	잘 모르겠습니다.	I do not understand. 分かりません。/ 不太明白。	
	질문이 있습니다.	I have a question. 質問があります。/ 有疑问。	
	'book'은 한국말로 뭐라고 합니까?	How do you say "book" in Korean? '本'は韓国語で何と言いますか？ '书'用韩国语怎么说？	
	네, 있어요.	Yes, I have it. はい、あります(居ます)。/ 是，有。	
	아니요, 없어요.	No, I don't have it. いいえ、ありません(居ません)。/ 不，没有。	

동사	verb	动词	動詞
형용사	adjective	形容词	形容詞
명사	noun	名词	名詞
부사	adverb	副词	副詞

15

단원	단원명	주제 및 기능	문법 및 표현	과제활동	문화읽기
1	모음과 자음	자음, 모음으로 된 단어 읽기		자음, 모음 구별하기	
2	받침	받침이 있는 단어 읽기		받침 구별하기	
3	안녕하십니까?	처음 인사	1. [명]입니다 2. [명]입니까? 3. [명]에서 왔습니다	소개하기	태극기
4	한국말 공부가 재미있습니다	헤어질 때 인사 여러가지 인사	1. [동],[형]ㅂ니다/습니다 2. [동],[형]ㅂ니까?/습니까? 3. [명]이/가	여러 가지 인사	
5	도서관은 1층에 있습니다	존재 유무 표현하기	1. [명]이/가 있습니다/없습니다 2. [명]에 있습니다/없습니다 3. [명]도 4. [명]은/는	가족 관계	가족 관계
6	어디에서 한국말을 배웁니까?	장소에서의 동작 표현하기	1. [명]에서 [명]을/를 합니다 2. 어디/여기/거기/저기 3. 'ㄹ' 불규칙	장소 익히기	
7	저건 책이 아니에요	명사의 부정 표현하기	1. [명]이에요/예요 2. [명]이/가 아니에요 3. 무엇/이것/그것/저것 4. 대명사+조사 축약형	지시대명사	
8	음악을 들어요	동사, 형용사의 부정 표현하기	1. [동],[형]아/어/여요 안 [동],[형]아/어/여요 2. [동],[형]지 않아요 3. 'ㄷ' 불규칙	친구 취미묻기	

초급 한국어 Ⅰ

차례

1과　모음과 자음

1. 모음

모음 (vowel)	음가 (phonetic value)	쓰는 법 (how to write)			쓰기 (write)		
ㅏ	[a]	ㅣ ㅏ		ㅏ			
ㅑ	[ya]	ㅣ ㅏ ㅑ		ㅑ			
ㅓ	[ə]	ㅡ ㅓ		ㅓ			
ㅕ	[yə]	ㅡ ㅡ ㅕ		ㅕ			
ㅗ	[o]	ㅣ ㅗ		ㅗ			
ㅛ	[yo]	ㅣ ㅣㅣ ㅛ		ㅛ			
ㅜ	[u]	ㅡ ㅜ		ㅜ			
ㅠ	[yu]	ㅡ ㅜ ㅠ		ㅠ			
ㅡ	[ɨ]	ㅡ		ㅡ			
ㅣ	[i]	ㅣ		ㅣ			
ㅐ	[æ]	ㅣ ㅏ ㅐ		ㅐ			
ㅒ	[yæ]	ㅣ ㅏ ㅑ ㅒ ㅒ					
ㅔ	[e]	ㅡ ㅓ ㅔ		ㅔ			
ㅖ	[ye]	ㅡ ㅡ ㅓ ㅖ ㅖ					

ㅘ	[wa]	ㆍ	ㅗ	ㅗ	ㅘ	ㅘ	
ㅙ	[wæ]	ㅗ	ㅗ	ㅘ	ㅙ	ㅙ	
ㅚ	[we(œ)]	ㆍ	ㅗ	ㅗ		ㅚ	
ㅝ	[wə]	ㅡ	ㅜ	ㅜ	ㅝ	ㅝ	
ㅞ	[we]	ㅜ	ㅜ	ㅝ	ㅞ	ㅞ	
ㅟ	[wi]	ㅡ	ㅜ	ㅟ		ㅟ	
ㅢ	[ɨi]	ㅡ	ㅢ			ㅢ	

1 그림을 보고 단어를 읽으십시오.

오이 우유 아이

여우 아야

2 읽으십시오.

1) 아, 어, 오, 우, 으, 이

2) 야, 여, 요, 유

3) 아야, 어여, 오요, 우유, 으이

4) 아우, 이유, 여유, 여아, 여야, 유아

5) 애, 얘

6) 에, 예

7) 와, 왜, 외

8) 워, 웨, 위, 의

2. 자음

자음 (consonant)	음가 (phonetic value)	쓰는 법 (how to write)				쓰기 (write)			
ㄱ	[g, k]	ㄱ			ㄱ				
ㄴ	[n]	ㄴ			ㄴ				
ㄷ	[d, t]	ㅡ	ㄷ		ㄷ				
ㄹ	[r, l]	ㄱ	ㄹ	ㄹ	ㄹ				
ㅁ	[m]	ㅣ	ㄲ	ㅁ	ㅁ				
ㅂ	[b, p]	ㅣ	ㅔ	ㅂ	ㅂ				
ㅅ	[s, sh]	ㅅ	ㅅ		ㅅ				
ㅇ	[ŋ]	ㅇ			ㅇ				
ㅈ	[dz, ts]	ㅡ	ㅜ	ㅈ	ㅈ				
ㅊ	[ts^h]	ㆍ	ㅡ	ㅊ	ㅊ				
ㅋ	[k^h]	ㄱ	ㅋ		ㅋ				
ㅌ	[t^h]	ㅡ	ㅌ	ㅌ	ㅌ				
ㅍ	[p^h]	ㅡ	ㅠ	ㅍ	ㅍ				
ㅎ	[h]	ㅡ	ㅎ	ㅎ	ㅎ				
ㄲ	[k']	ㄱ	ㄲ		ㄲ				
ㄸ	[t']	ㄷ	ㄷ	ㄸ	ㄸ				
ㅃ	[p']	ㅂ	ㅃ	ㅃ	ㅃ				
ㅆ	[s']	ㅅ	ㅆ	ㅆ	ㅆ				
ㅉ	[ts']	ㅈ	ㅉ	ㅉ	ㅉ				

1 다음 표를 완성하십시오.

모음 자음	ㅏ	ㅑ	ㅓ	ㅕ	ㅗ	ㅛ	ㅜ	ㅠ	ㅡ	ㅣ
ㄱ	가									
ㄴ										
ㄷ					도					
ㄹ										
ㅁ										
ㅂ										
ㅅ										
ㅇ										
ㅈ			저							
ㅊ										
ㅋ							쿠			
ㅌ										
ㅍ										
ㅎ										히

그림보고 읽기

ㄱ 기차 구두 거미

ㄴ 나무 나비 비누

ㄷ 다리 다리미 도로

ㄹ 라디오 라이터

ㅁ 모자 무 머리

ㅂ 바지 바나나 버스

ㅅ 사자 소 수저

ㅇ 아버지 어머니 오리

ㅈ 자 지도 저고리

ㅊ 치마 차 초

ㅋ 카드 커피 코

ㅌ 토마토 타조 투수

ㅍ 피아노 포도 포크

ㅎ 하마 허수아비

그림보고 읽기

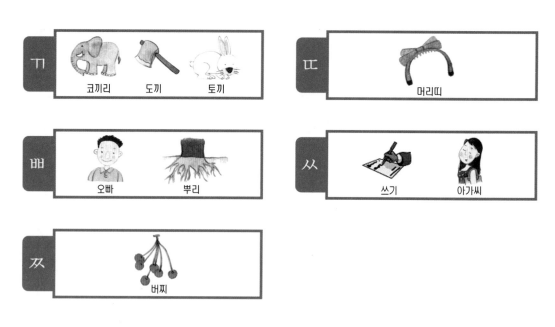

ㄲ	코끼리 도끼 토끼
ㄸ	머리띠
ㅃ	오빠 뿌리
ㅆ	쓰기 아가씨
ㅉ	버찌

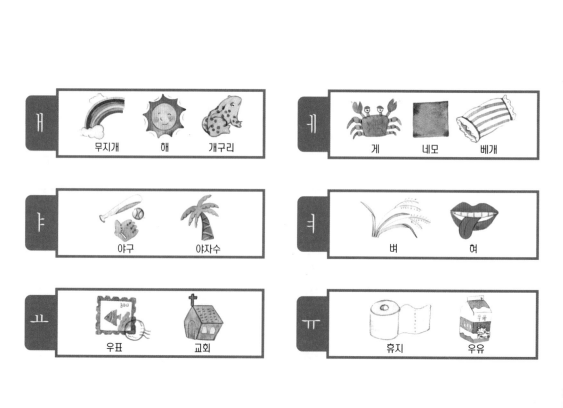

ㅐ	무지개 해 개구리
ㅔ	게 네모 베개
ㅑ	야구 야자수
ㅕ	벼 혀
ㅛ	우표 교회
ㅠ	휴지 우유

그림보고 읽기

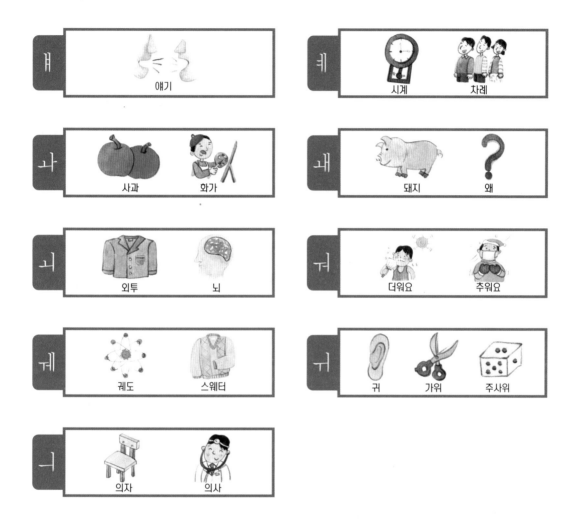

ㅒ	얘기
ㅖ	시계　　차례
ㅘ	사과　　화가
ㅙ	돼지　　왜
ㅚ	외투　　뇌
ㅝ	더워요　　추워요
ㅞ	궤도　　스웨터
ㅟ	귀　　가위　　주사위
ㅢ	의자　　의사

1 단어를 읽으십시오.

1) 가구   고기   주사   기타   과자   소리   피부   대나무

2) 나이   자녀   하나   자유   자리   유리   사이   기차표

3) 아우   타자   유치   시차   자두   사유   누구   어디

4) 기후   소나무   부자   두부   이사   너무   미리   부모

5) 지우개   거리   누나   나라   우리   보리   차이   표시

6) 비자   코코아   캐나다   아프리카   스포츠   페이지   사이트   피자

7) 어깨   꼬리   허리띠   뽀뽀   씨   찌다   끄다   삐다   짜다

사전 찾는 순서

자음

ㄱ, ㄲ, ㄴ, ㄷ, ㄸ, ㄹ, ㅁ, ㅂ, ㅃ, ㅅ, ㅆ, ㅇ, ㅈ, ㅉ, ㅊ, ㅋ, ㅌ, ㅍ, ㅎ

모음

ㅏ, ㅐ, ㅑ, ㅒ, ㅓ, ㅔ, ㅕ, ㅖ, ㅗ, ㅘ, ㅙ, ㅚ, ㅛ, ㅜ, ㅝ, ㅞ, ㅟ, ㅠ, ㅡ, ㅢ, ㅣ

다음 단어를 사전에서 찾아 보십시오.

1. 고기	2. 누나	3. 두유
4. 바위	5. 소리	6. 의미
7. 자유	8. 차다	9. 코피
10. 타자	11. 피다	12. 허리
13. 까치	14. 빠르다	15. 싸다

1 듣고 맞는 단어에 표를 하십시오.

	A	B	C
1	아	야	
2	어	여	
3	오	요	
4	우	유	
5	아	오	어
6	어	우	으
7	애	예	외
8	워	웨	위
9	가	카	까
10	다	타	따
11	바	파	빠
12	자	차	짜
13	사	싸	
14	사리	서리	수리
15	머리	마리	무리
16	의자	의사	의지
17	거리	고리	꼬리
18	보다	바다	파다
19	보리	부리	바리
20	교수	규수	규소
21	포도	파도	보도

2과 받침

1. 홑받침

받침	음가	단어 예(word example)
ㄱ, ㅋ	[k]	책[책], 부엌[부억]
ㄴ	[n]	수건[수건]
ㄷ, ㅅ, ㅈ, ㅊ, ㅌ, ㅎ	[t]	곧[곧], 옷[옫], 낮[낟] 꽃[꼳], 밑[믿], 히읗[히읃]
ㄹ	[l]	달[달], 길[길]
ㅁ	[m]	밤[밤], 김[김]
ㅂ, ㅍ	[p]	밥[밥], 숲[숩]
ㅇ	[ŋ]	강[강], 방[방]

1 단어를 읽으십시오.

1) 약, 색, 벽, 죽, 목, 국수, 박수, 악수, 키읔

2) 눈, 반, 선, 손, 편지, 준비, 번호, 분수, 우산, 부산

3) 숟가락, 디귿, 잣, 못, 낮, 장미꽃, 밭, 끝, 히읗, 팥

4) 글, 들, 말, 별, 줄, 발, 벌, 풀, 물, 탈, 쌀, 서울, 얼굴

5) 곰, 감, 금, 남, 봄, 몸, 감기, 마음, 음식, 사람, 바람

6) 입, 집, 앞, 잎, 옆, 접시, 무릎, 엽서, 지갑, 잡지

7) 상, 용, 양, 공, 농구, 수영, 가방, 사랑, 안경, 공기

2 그림을 보고 단어를 읽으십시오.

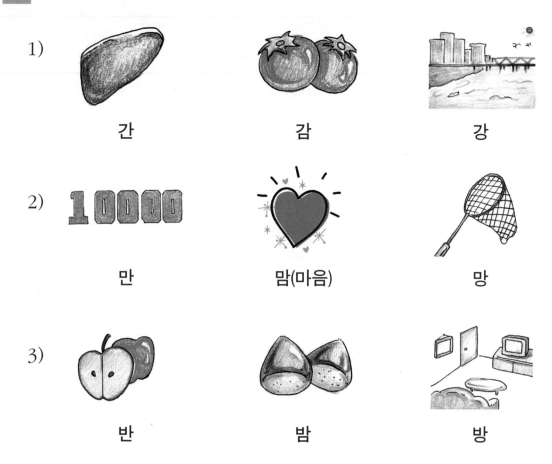

1)

간   감   강

2)

만   맘(마음)   망

3)

반   밤   방

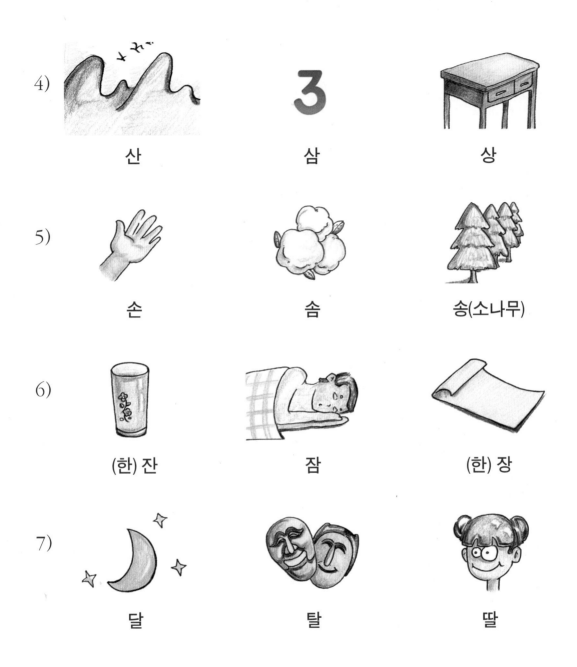

4)

산 삼 상

5)

손 솜 송(소나무)

6)

(한) 잔 잠 (한) 장

7)

달 탈 딸

활용연습 1

1 듣고 맞는 단어에 ○표를 하십시오.

	A	B	C
1	간	감	강
2	만	맘	망
3	반	밤	방
4	산	삼	상
5	손	솜	송
6	잔	잠	장
7	달	탈	딸
8	살	쌀	
9	발	팔	
10	불	풀	뿔
11	병	평	
12	외국	애국	이국
13	건성	근성	금성
14	전하	전화	정화
15	편지	평지	펀치
16	수영	사용	소용
17	증세	정세	중세
18	소설	수술	사설
19	땀	땅	

2 듣고 맞는 것에 ○표를 하십시오.

1) 아침에 (일찍, 일칙, 일직) 일어납니다.

2) 운동을 해서 (발, 팔, 빨)이 아파요.

3) 골고루 먹으면 (든든, 튼튼, 뜬뜬)해져요.

4) 날씨가 (쌀쌀, 살살, 쌀살)합니다.

5) 밤에 (꿈, 굼, 쿰)을 꾸었어요.

3 노래를 듣고 쓰십시오.

머리 (   ) (   ) (   ) (   ) (   )

머리   어깨   무릎   발   무릎   발

머리   어깨   발   무릎   발

머리   어깨   무릎   (   ) (   ) (   )

4 그림 보고 읽기

ㄱ 책　치약　태극기

ㄴ 눈　전화기　자전거

ㄷ 숟가락　ㄷ 디귿

ㄹ 별　연필

ㅁ 곰　감자　침대

ㅂ 밥　컵　집

ㅅ 빗　젓가락　버섯

ㅇ 비행기　안경　인형

ㅈ 젖소　곶감　낮

ㅊ 윷　장미꽃

ㅋ 부엌

ㅌ 꽃밭　팥빵

ㅍ 잎　무릎

ㅎ ㅎ 히읗

2. 겹받침

받침	음가	단어 예(word example)	
ㄲ	[k]	닦다[닥따]	닦아[다까]
ㄳ	[k]	샀[삭]	
ㅆ	[t]	있다[읻따]	있어[이써]
ㄵ	[n]	앉다[안따]	앉아[안자]
ㄶ	[n]	많다[만타]	많아[마나]
ㄺ	[k/l]	읽다[익따]	읽어[일거]
ㄻ	[m/l]	젊다[점따]	젊어[절머]
ㄼ	[l/p]	넓다[널따]	넓어[널버] • 밟다[밥따]
ㄽ	[l]	곬[골]	
ㄾ	[l]	핥다[할따]	핥아[할타]
ㄿ	[p/l]	읊다[읍따]	읊어[을퍼]
ㅀ	[l]	잃다[일타]	잃어[이러]
ㅄ	[p]	없다[업따]	없어[업써]

1 대표음 representative sounds

1) ㄱ [k] :　　ㄱ　　ㅋ　　ㄲ　　ㄳ　　ㄺ

　　　　　　책　부엌　섞다　몫　읽다　닭

2) ㄴ [n] :　　ㄴ　　ㄵ　　ㄶ

　　　　　　편지　앉다　많다

3) ㄷ [t] :   ㄷ   ㅅ   ㅈ   ㅊ   ㅌ   ㅎ   ㅆ

            숟가락   옷   낮   꽃   끝   히읗   있다

4) ㄹ [l] :   ㄹ   ㄼ   ㄽ   ㄾ   ㅀ

            달   여덟   외곬   핥다   잃다

5) ㅁ [m] :   ㅁ   ㄻ

            밤   젊다

6) ㅂ [p] :   ㅂ   ㅍ   ㅄ   ㄿ

            밥   잎   없다   값   읊다

7) ㅇ [ŋ] :   강   방   공   농구

2   받침 있는 단어를 사전에서 찾아 보십시오.

사전 찾는 순서

자음	

ㄱ ㄲ ㄴ ㄷ ㄸ ㄹ ㅁ ㅂ ㅃ ㅅ ㅆ ㅇ ㅈ ㅉ ㅊ ㅋ
ㅌ ㅍ ㅎ

모음

ㅏ ㅐ ㅑ ㅒ ㅓ ㅔ ㅕ ㅖ ㅗ ㅘ ㅙ ㅚ ㅛ ㅜ ㅝ ㅞ
ㅟ ㅠ ㅡ ㅢ ㅣ

❶ 다음 단어를 사전에서 찾아 보십시오.

1. 감사	2. 남자	3. 달력
4. 라일락	5. 마을	6. 밥상
7. 손가락	8. 엄마	9. 잠옷
10. 청소	11. 콩	12. 탁구
13. 편지	14. 할머니	15. 할아버지

❷ 사전에 어떤 단어가 먼저 나올까요? 단어를 찾아 보십시오.

1. 거위   까맣다
2. 닭   땅
3. 살   쌈
4. 벗   벚꽃
5. 힘   혼자

 **3과** 안녕하십니까?

학습 목표	간단한 인사를 할 수 있습니다.
학습 내용	1. '[명]입니다' 를 배웁니다.
	2. '[명]입니까?' 를 배웁니다.
	3. '[명]에서 왔습니다' 를 배웁니다.

 듣고 말하기

1. 이름이 무엇입니까?

2. 아이보는 중국에서 왔습니까?

1. [명]입니다 : formal ending form of '[명]이다'

When the noun ends in either a consonant or a vowel, use '입니다'
(statement form)

[명]	[명]입니다	[명]	[명]입니다
학교	학교입니다	친구	친구입니다
선생님	선생님입니다	가방	가방입니다

1) 책입니다.

2) 사전입니다.

3) 책상입니다.

4) 의자입니다.

5) _____입니다.

6) _____입니다.

1 그림에 맞게 연결하십시오.

1)   ㄱ 커피입니다.

2)   ㄴ 시계입니다.

3)   ㄷ 연필입니다.

4)   ㄹ 달력입니다.

5)   ㅁ 비행기입니다.

6)   ㅂ 필통입니다.

7)    ㅅ 기차입니다.

8)   ㅇ 컴퓨터입니다.

2 〈보기〉와 같이 쓰십시오.

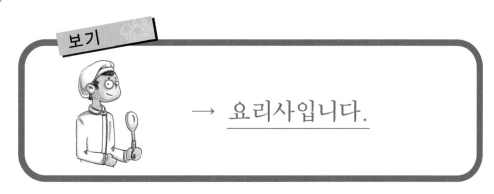

보기

→ <u>요리사입니다.</u>

1) → _____

2)  → _____

3)  → _____

4)  → _____

5) → _____

3 그림을 그리십시오.

1) 가방입니다.

5) 집입니다.

2) 바지입니다.

6) 시계입니다.

3) 모자입니다.

7) 기차입니다.

4) 꽃입니다.

8) 신문입니다.

문법과 표현 2

2. [명]입니까? : interrogative form of '[명]입니다'

When the noun ends in either a consonant or a vowel, use '입니까?'

[명]	[명]입니까	[명]	[명]입니까
학교	학교입니까?	친구	친구입니까?
선생님	선생님입니까?	가방	가방입니까?

1) 가 : 학교입니까?

　　나 : 예, 학교입니다.

2) 가 : 선생님입니까?

　　나 : 예, 선생님입니다.

3) 가 : 친구입니까?

　　나 : 예, 친구입니다.

4) 가 : 가방입니까?

　　나 : 아니요, 필통입니다.

5) 가 : 스미스 씨입니까?

　　나 : 아니요, 앤디입니다.

6) 가 : _____입니까?

　　나 : 예/아니요, _____입니다.

1 〈보기〉와 같이 쓰십시오.

보기

가 : <u>책입니까?</u>
나 : <u>예, 책입니다.</u>

1)

가 : _____?
나 : _____

2)

가 : _____?
나 : _____

3)

가 : _____?
나 : _____

4)

가 : _____?
나 : _____

5)

가 : _____?
나 : _____

2 〈보기〉와 같이 쓰십시오.

보기

가 : <u>치마입니까?</u>
나 : <u>아니요, 바지입니다.</u>

1)

가 : _____?
나 : _____

2)

가 : _____?
나 : _____

3)

가 : _____?
나 : _____

4)

가 : _____?
나 : _____

5)

가 : _____?
나 : _____

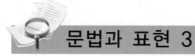

3. [명]에서 왔습니다 : ~ be from [a place or country]

[명]	[명]에서 왔습니다
일본	일본에서 왔습니다.
프랑스	프랑스에서 왔습니다.

1) 가 : 미국에서 왔습니까?
   나 : 예, 미국에서 왔습니다.

2) 가 : 몽골에서 왔습니까?
   나 : 예, 몽골에서 왔습니다.

3) 가 : 러시아에서 왔습니까?
　　나 : 예, 러시아에서 왔습니다.

4) 가 : 어디에서 왔습니까?
　　나 : 태국에서 왔습니다.

5) 가 : 어디에서 왔습니까?
　　나 : 앙골라에서 왔습니다.

6) 가 : _____에서 왔습니까?
　　나 : 예, _____에서 왔습니다.

1. 〈보기〉와 같이 쓰십시오.

> **보기**
>
> 미국
>
> 가 : 미국에서 왔습니까?
> 나 : 예, 미국에서 왔습니다.
> 가 : 미국 사람입니까?
> 나 : 예, 미국 사람입니다.

1) 중국

가 : _____
나 : _____
가 : _____
나 : _____

2) 일본

가 : _____
나 : _____
가 : _____
나 : _____

3)

스위스

가 : _____

나 : _____

가 : _____

나 : _____

4)

필리핀

가 : _____

나 : _____

가 : _____

나 : _____

5)

캐나다

가 : _____

나 : _____

가 : _____

나 : _____

6)

한국

가 : _____

나 : _____

가 : _____

나 : _____

민　수 : 안녕하십니까?
아이보 : 안녕하십니까?
민　수 : 이름이 무엇입니까?
아이보 : 아이보입니다.
민　수 : 어디에서 왔습니까?
아이보 : 중국에서 왔습니다.

1. 인사합니까?

2. 아이보는 어디에서 왔습니까?

어 휘

이름	무엇	중국

표 현

1. 이름이	이름 + 이
2. 무엇입니까?	무엇 + 입니까?
3. 어디에서	어디 + 에서
4. 왔습니다	오(다) + 았습니다

발 음

1. 이름이	[이르미]
2. 무엇입니까	[무어심니까]
3. 중국에서	[중구게서]
4. 왔습니다	[왇씀니다]

민　수 : 안녕하십니까?

아이보 : 안녕하십니까?

민　수 : 이름이 (　　　　　　　　　　　)?

아이보 : 아이보입니다.

 Track 9

민　수 : 어디에서 왔습니까?

아이보 : (　　　　　　　　　　) 왔습니다.

 Track 10

 과제활동

1 인터뷰를 합시다.

1) 이름이 무엇입니까?	2) 어디에서 왔습니까?
아이보입니다.	중국에서 왔습니다.

2 〈보기〉처럼 쓰십시오.

보기

> 안녕하십니까?
> 배용준입니다.
> 한국에서 왔습니다.

_____
_____
_____

3 〈보기〉와 같이 이야기하십시오.

보기

보아
가수
한국 사람

가 : 가수입니까?
나 : 예, 가수입니다.
가 : 일본 사람입니까?
나 : 아니요, 한국 사람입니다.

1) 베토벤
　　음악가
　　독일 사람

_____
_____
_____
_____

2) 에이브라함 링컨
   대통령
   미국 사람

_____
_____
_____

3) 비틀즈
   가수
   영국 사람

_____
_____
_____

4) 재키 찬
   영화배우
   중국 사람

_____
_____
_____

5) 피카소
   화가
   스페인 사람

_____
_____
_____

6) 스즈키 이치로
   야구 선수
   일본 사람

_____
_____
_____

7) 타이거 우즈
   골프 선수
   미국 사람

   _____
   _____
   _____
   _____

8) 칭기스칸
   왕
   몽골 사람

   _____
   _____
   _____
   _____

9) 김연아
   피겨 스케이팅 선수
   한국 사람

   _____
   _____
   _____
   _____

10) 마이클 펠프스
    수영 선수
    미국 사람

    _____
    _____
    _____
    _____

4 〈보기〉와 같이 10년 후의 명함을 만드십시오. 인터뷰를 해서 친구의 명함을 쓰십시오.

보기

강 소 미
골프 선수
010-1234-5678
ksm777@hanmail.net

✿ 태극기와 애국가, 아리랑 ✿

< 태극기 >

한국의 국기는 태극기로 중심에 태극무늬가 있습니다.
붉은색은 양, 푸른색은 음을 나타냅니다. 태극기의 사방에는 검은색의 4괘가 있습니다.
'건', '곤', '감', '이'로 불리는데 각각 '하늘', '땅', '불', '물'을 상징합니다.

건
(하늘)

감
(물)

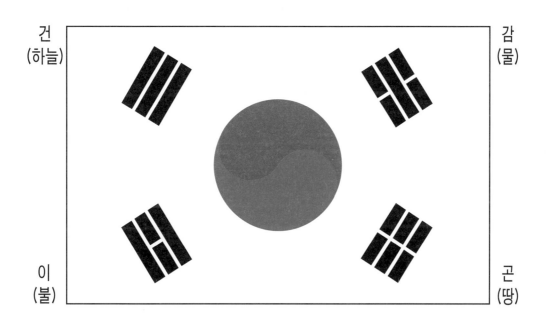

이
(불)

곤
(땅)

< 애국가 >

동해물과 백두산이 마르고 닳도록
하느님이 보우하사 우리나라 만세.
무--궁화 삼--천리 화려강--산
대한사람 대한으로 길이 보전하세.

< 아리랑 >

아리랑 아리랑 아라리요
아리랑 고개로 넘어간다.
나를 버리고 가시는 님은
십리도 못 가서 발병난다.

National Flag

   The Korean national flag is called "Taegeukgi" and shows the symbol of Taegeuk(the Great Absolute) in the center - this symbol is sometimes called the yin-yang symbol. The red part represents Yang, and the blue part represents Yin. There are four sets of black lines (or trigrams) in each corner of the flag, which are called 'geon', 'yi', 'gam', and 'gon', which or symbolize 'heaven', 'fire', 'water', and 'earth', respectively.

国旗, 国歌

韓国の国旗は対極旗で、中心に対極の模様があります。赤色は陽、青色は陰を表します。旗の四つの角には黒色の四掛があります。四掛には、乾・離・坎・坤とよばれて、各々、天・火・水・地を象徴します。

太极旗

韩国的国旗是太极旗，旗的中央有太极 图案。红色象征阳，蓝色象征阴。太极旗的四角有4个黑色的卦。'乾'，'坤'，'坎'，'离' 各自象征着 '天'，'地'，'火'，'水'。

4과 한국말 공부가 재미있습니다

학습 목표	여러 가지 인사를 할 수 있습니다.
학습 내용	1. '[동], [형]ㅂ니다/습니다' 를 배웁니다.
	2. '[동], [형]ㅂ니까?/습니까?' 를 배웁니다.
	3. '[명]이/가' 를 배웁니다.

 듣고 말하기

1. 한국말 공부가 재미있습니까?

2. 남자는 학교 갑니까?

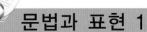 문법과 표현 1

1. [동], [형]ㅂ니다/습니다

: formal ending form of [동], [형]

1) [동], [형]ㅂ니다 : when the verb or adjective stem ends in a vowel or ㄹ
2) [동], [형]습니다 : when the verb or adjective stem ends in a consonant

	[동], [형]ㅂ니다/습니다
가다	갑니다
바쁘다	바쁩니다
입다	입습니다
많다	많습니다

1) 마시다 : 마십니다.

2) 읽다 : 읽습니다.

3) 싸다 : 쌉니다.

4) 듣다 : 듣습니다.

5) 좋다 : 좋습니다.

6) _____ㅂ니다.

   _____습니다.

60 초급 한국어 · I

활용연습 1

1 다음 표에 쓰십시오.

동사	-ㅂ니다	-습니다
먹다		먹습니다
자다	잡니다	
만나다		
읽다		
청소하다		
전화하다		
듣다		
공부하다		
보다		
마시다		
춤추다		
입다		
노래하다		
웃다		
인사하다		
사다		
이야기하다		
기다리다		
신다		
닫다		
일어나다		
기도하다		
목욕하다		
쓰다		

형용사	-ㅂ니다	-습니다
싸다	쌉니다	
비싸다		
재미있다		재미있습니다
재미없다		
맛있다		
맛없다		
깨끗하다		
더럽다		
슬프다		
기쁘다		
덥다		
춥다		
예쁘다		
아프다		
바쁘다		
맵다		
어렵다		
쉽다		

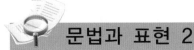

2. [동], [형]ㅂ니까?/습니까? : interrogated formal
ending form of [동], [형]

1) [동], [형]ㅂ니까? : when the verb or adjective stem ends in a vowel or ㄹ
2) [동], [형]습니까? : when the verb or adjective stem ends in a consonant

	[동], [형]ㅂ니까?/습니까?
가다	갑니까?
바쁘다	바쁩니까?
입다	입습니까?
많다	많습니까?

1) 마시다 : 마십니까?
2) 읽다 : 읽습니까?
3) 싸다 : 쌉니까?
4) 듣다 : 듣습니까?
5) 좋다 : 좋습니까?
6) _____ㅂ니까?
   _____습니까?

1 다음 표에 쓰십시오.

동사	-ㅂ니까?	-습니까?
먹다		먹습니까?
자다	잡니까?	
만나다		
읽다		
청소하다		
전화하다		
듣다		
공부하다		
보다		
마시다		
춤추다		
입다		
노래하다		
웃다		
인사하다		
사다		
이야기하다		
기다리다		
신다		
닫다		
일어나다		
기도하다		
목욕하다		
쓰다		

형용사	-ㅂ니까?	-습니까?
싸다	쌉니까?	
비싸다		
재미있다		재미있습니까?
재미없다		
맛있다		
맛없다		
깨끗하다		
더럽다		
슬프다		
기쁘다		
덥다		
춥다		
예쁘다		
아프다		
바쁘다		
맵다		
어렵다		
쉽다		

2 _____에 쓰십시오.

1) 가 : 마십니까?
   나 : 예, _____

2) 가 : _____?
   나 : 예, 읽습니다.

3) 가 : 슬픕니까?
   나 : 아니요, _____

4) 가 : _____?
   나 : 아니요, 비쌉니다.

5) 가 : 운동합니까?
   나 : 아니요, _____

6) 가 : _____?
   나 : 아니요, 쉽습니다.

7) 가 : 잡니까?
   나 : 아니요, _____

8) 가 : _____?
   나 : 아니요, 마십니다.

9) 가 : 좋습니까?
　　나 : 예, ＿＿＿＿＿＿＿＿＿＿＿＿＿

10) 가 : ＿＿＿＿＿＿＿＿＿＿＿＿＿?
　　나 : 예, 읽습니다.

11) 가 : 덥습니까?
　　나 : 아니요, ＿＿＿＿＿＿＿＿＿＿

12) 가 : 기다립니까?
　　나 : 예, ＿＿＿＿＿＿＿＿＿＿＿＿

13) 가 : ＿＿＿＿＿＿＿＿＿＿＿＿＿?
　　나 : 아니요, 재미있습니다.

14) 가 : 듣습니까?
　　나 : 예, ＿＿＿＿＿＿＿＿＿＿＿＿

15) 가 : ＿＿＿＿＿＿＿＿＿＿＿＿＿?
　　나 : 아니요, 요리합니다.

16) 가 : 기쁩니까?
　　나 : 예, ＿＿＿＿＿＿＿＿＿＿＿＿

17) 가 : ＿＿＿＿＿＿ㅂ니까?/습니까?
　　나 : (예/아니요), ＿＿＿＿＿＿ㅂ니다/습니다.

3 〈보기〉와 같이 쓰십시오.

가 : 운동합니까?
나 : 예, 운동합니다.

1)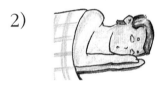

가 : _____?

나 : _____

2)

가 : _____?

나 : _____

3)

가 : _____?

나 : _____

4)

가 : _____?

나 : _____

5)

가 : _____?

나 : _____

6)

가 : _____?

나 : _____

7)

가 : _____?

나 : _____

8)

가 : _____?

나 : _____

9)

가 : _____?

나 : _____

10)

가 : _____?

나 : _____

11)

가 : _____?

나 : _____

12)

가 : _____?

나 : _____

4 〈보기〉와 같이 쓰십시오.

보기

가 : 잡니까?
나 : 아니요, 운동합니다.

1)

가 : _____?

나 : _____

2)

가 : _____?

나 : _____

3)

가 : _____?

나 : _____

4)

가 : _____?

나 : _____

5)

가 : _____?

나 : _____

6)

가 : _____?

나 : _____

7)

가 : _____?

나 : _____

8)

가 : _____?

나 : _____

9)

가 : _____?

나 : _____

10)

가 : _____?

나 : _____

11)

가 : _____?

나 : _____

12)
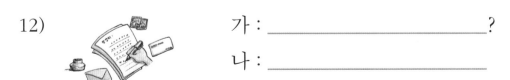

가 : _____?

나 : _____

5 〈보기〉와 같이 쓰십시오.

보기

큽니다.

1) _____

2) _____

3) _____

4) _____

5)

_____

6)

_____

7)

_____

8)

_____

9)

_____

10)

_____

11)

_____

12)

_____

13)

_____

14)

_____

15)

_____

16)

_____

17)

_____

18)

_____

19)

_____

20)

_____

3. [명]이/가 : the postposition expressing the subjective case

1) [명]이 : when the noun ends in a consonant
2) [명]가 : when the noun ends in a vowel

동생이 공부합니다.   날씨가 춥습니다.

1) 가 : 형이 기다립니까?
   나 : 예, 형이 기다립니다.

2) 가 : 누나가 웃습니까?
   나 : 예, 누나가 웃습니다.

3) 가 : 학생이 공부합니까?
   나 : 예, 학생이 공부합니다.

4) 가 : 시계가 비쌉니까?
   나 : 예, 시계가 비쌉니다.

5) 가 : 영화가 재미있습니까?

　　나 : 예, 영화가 재미있습니다.

6) 가 : 아이스크림이 맛있습니까?

　　나 : 예, 아이스크림이 맛있습니다.

7) 가 : 아이가 예쁩니까?

　　나 : 예, 아이가 예쁩니다.

8) 가 : 도서관이 큽니까?

　　나 : 예, 도서관이 큽니다.

9) 가 : 언니가 노래합니까?

　　나 : 예, 언니가 노래합니다.

10) 가 : ＿＿＿＿＿＿＿＿＿＿＿＿＿？

　　　나 : 예, ＿＿＿＿＿＿＿＿＿＿

활용연습 3

1 〈보기〉처럼 쓰십시오.

> **보기**
>
> 날씨(가) 좋습니다.
> 학생(이) 공부합니다.

1) 한국말 공부(　　　) 재미있습니다.

2) 인형(　　　) 예쁩니다.

3) 컴퓨터(　　　) 비쌉니다.

4) 선생님(　　　) 가르칩니다.

5) 음식(　　　) 맛있습니다.

6) 학교(　　　) 큽니다.

7) 고양이(　　　) 귀엽습니다.

8) 동생(　　　) 잡니다.

9) 책(　　　) 많습니다.

10) 어머니(　　　) 요리합니다.

2 〈보기〉처럼 쓰십시오.

보기

학생/공부하다 → 학생이 공부합니다.
날씨/좋다　　 → 날씨가 좋습니다.

1) 친구/노래하다　　→ _____

2) 꽃/예쁘다　　　　→ _____

3) 지하철/빠르다　　→ _____

4) 동생/기다리다　　→ _____

5) 김치/맵다　　　　→ _____

6) 옷/비싸다　　　　→ _____

7) 비/오다　　　　　→ _____

8) 친구/좋다　　　　→ _____

9) 운동장/넓다　　　→ _____

10) 공부/재미있다　　→ _____

3 _____에 쓰십시오.

> 보기
>
> 가 : 영화가 재미있습니까?
> 나 : 예, <u>영화가 재미있습니다.</u>

1) 가 : _____?
   나 : 예, 친구가 전화합니다.

2) 가 : 음식이 맛있습니까?
   나 : _____

3) 가 : _____?
   나 : 예, 버스가 옵니다.

4) 가 : 숙제가 많습니까?
   나 : _____

5) 가 : _____?
   나 : 예, 교실이 깨끗합니다.

미 애 : 한국말 공부가 재미있습니까?
조 던 : 예, 한국말 공부가 재미있습니다.
미 애 : 어디 갑니까?
조 던 : 학교 갑니다.
미 애 : 안녕히 가십시오.
조 던 : 네, 안녕히 가십시오.

1. 무엇이 재미있습니까?

2. 중국말 공부합니까?

3. 조던이 어디 갑니까?

한국말   공부   어디   학교

1. 재미있습니까?	재미있(다) + 습니까?
2. 갑니다	가(다) + ㅂ니다
3. 가십시오	가(다) + 십시오

1. 재미있습니다	[재미읻씀니다]
2. 갑니까?	[감니까]
3. 학교	[학꾜]
4. 한국말	[한궁말]

 듣고 쓰기

미 애 : 한국말 공부가 (   )?
조 던 : 예, 한국말 공부가 재미있습니다.

Track 12

미 애 : 어디 갑니까?
조 던 : (   ) 갑니다.

Track 13

미 애 : 안녕히 가십시오.
조 던 : 네, (   ) 가십시오.

Track 14

1 〈보기〉와 같이 그림과 맞는 인사를 쓰십시오.

1)

(밤) _____

2)

(아침) _____

3)

_____

4)

_____

5)

(나가다)

_____

6)

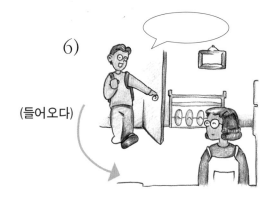

(들어오다)

_____

7)

8)

_____   _____

9)

10)

_____   _____

여러 가지 인사

축하합니다.	고맙습니다(감사합니다).
잘 먹겠습니다.	잘 먹었습니다.
안녕히 주무세요.	안녕히 주무셨습니까?
다녀오겠습니다.	다녀왔습니다.
안녕히 계세요.	안녕히 가세요.
또 만나요.	맛있게 드세요.
괜찮습니다.	미안합니다(죄송합니다).
어서 오세요.	만나서 반갑습니다.

2 〈보기〉를 보고 인터뷰를 합시다.

가 : 다섯 시, 뭐 합니까?
나 : 일어납니다.

시간 \ 이름	나	친구( )
오전 5시(다섯 시)	잡니다	일어납니다
6시(여섯 시)		
7시(일곱 시)		
8시(여덟 시)		
9시-1시(아홉 시-한 시)		
오후 2시(두 시)		
3시(세 시)		
4시(네 시)		
5시(다섯 시)		
6시(여섯 시)		
7시(일곱 시)		
8시(여덟 시)		
9시(아홉 시)		
10시(열 시)		
11시(열한 시)		
12시(열두 시)		

3 〈보기〉에서 골라 문장을 쓰십시오.

보기 1

친구 커피 시계 텔레비전 학교 축구 공부 형
비 꽃 날씨 언니 운동장 나무 오빠 옷 볼펜
아이스크림 가방 기숙사 누나 식당 사전 구두

보기 2

－이 －가

보기 3

재미있다 맛있다 예쁘다 크다 공부하다 먹다 웃다
축구하다 오다 싸다 이야기하다 쉽다 비싸다 맛없다
재미없다 작다 전화하다 자다 어렵다 쉬다 좋다 넓다
컴퓨터하다 좁다

【예】 친구가 재미있습니다.

1) _____
2) _____
3) _____
4) _____
5) _____
6) _____
7) _____
8) _____
9) _____
10) _____

 **5과** # 도서관은 1층에 있습니다

학습 목표 존재에 대해 말할 수 있습니다.

학습 내용 1. '[명]이/가 있습니다/없습니다' 를 배웁니다.

2. '[명]에 있습니다/없습니다' 를 배웁니다.

3. '[명]도' 를 배웁니다.

4. '[명]은/는' 을 배웁니다.

 ### 듣고 말하기

1. 컴퓨터실이 있습니까?

2. 우체국도 있습니까?

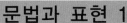

1. [명]이/가 있습니다/없습니다

1) [명]이/가 있습니다 : There is/are [명].

2) [명]이/가 없습니다 : There isn't/aren't [명].

 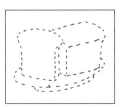

 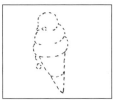

 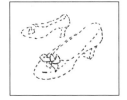

 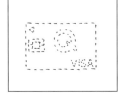

1) 가 : 책이 있습니까?

　나 : 예, 책이 있습니다.

2) 가 : 커피가 있습니까?

　나 : 예, 커피가 있습니다.

3) 가 : 아이스크림이 있습니까?

   나 : 아니요, 없습니다.

4) 가 : 카드가 있습니까?

   나 : 아니요, 지금 없습니다.

5) 가 : 빵이 있습니까?

   나 : 아니요, 과자가 있습니다.

6) 가 : _____이/가 있습니까?

   나 : 네/아니요, _____이/가 있습니다/없습니다.

※ [a person]께서 계십니다 : the polite form of [명]이/가 있습니다.

   1) 할아버지께서 계십니다.
   2) 선생님께서 계십니다.

※ [a person]께서 안 계십니다 : the polite form of [명]이/가 없습니다.

   1) 할머니께서 안 계십니다.
   2) 사장님께서 안 계십니다.

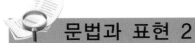

2. [명]에 있습니다 : There is (a thing/a person) at/in [place].
[명]에 없습니다 : There isn't (a thing/a person) at/in [place].

	교실에 있습니다	교실에 없습니다
달력	○	
에어컨	○	
고양이		×
컴퓨터		×

기숙사 방

기숙사 방에 무엇이 있습니까? 무엇이 없습니까? 그림을 보고 쓰십시오.

1) 텔레비전 : 텔레비전이 방에 있습니다.

2) 침대 : _____

3) 전화 : _____

4) 냉장고 : _____

5) 창문 : _____

6) 책 : _____

7) 옷장 : _____

8) 벽시계 : _____

9) 우산 : _____

10) 구두 : _____

단어를 공부합시다.

앞 · 뒤

위 · 안/속 · 아래/밑

안 · 밖

겉 · 속

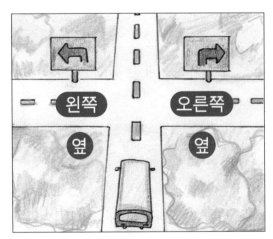

옆 · 왼쪽 · 오른쪽

1 보기처럼 쓰십시오.

> 보기
>
> 책/책상 위 → 책이 책상 위에 있습니다.

1) 연필/필통 안 → _____

2) 가방/의자 밑 → _____

3) 칠판/선생님 뒤 → _____

4) 컵/식탁 위 → _____

5) 열쇠/주머니 안 → _____

6) 에어컨/창문 옆 → _____

7) 지도/친구 앞 → _____

8) 바지/옷장 속 → _____

9) 볼펜/공책 옆 → _____

10) 돈/지갑 속 → _____

3. [명]도 : '[명]도' is also a subject particle and means 'also' or 'too'.

1) 책상이 있습니다.
   의자도 있습니다.

2) 숟가락이 있습니다.
   젓가락도 있습니다.

3) 친구가 공부합니다.
   나도 공부합니다.

4) 책이 많습니다.
   잡지도 많습니다.

5) 꽃이 예쁩니다.
   나비도 예쁩니다.

6) 아기가 웃습니다.
   엄마도 웃습니다.

7) 책이 있습니다.
   사전(   ) 있습니다.

8) 할아버지께서 계십니다.
   할머니(   ) 계십니다.

9) 빵이 있습니다.
   커피(   ) 있습니다.

10) _____이/가 있습니다.
    _____도 있습니다.

11) _____께서 계십니다.
    _____도 계십니다.

12) _____이/가 _____ㅂ/습니다.
    _____도 _____ㅂ/습니다.

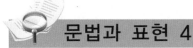

4. [명]은/는 : the postposition expressing the subject with the meaning of emphasis and comparison

1) [명]은 : when the noun ends in a consonant
2) [명]는 : when the noun ends in a vowel

1) 이름은 앤디입니다.
   고향은 미국 워싱턴입니다.
   직업은 학생입니다.
   부모님은 워싱턴에 계십니다.

2) 사과가 있습니다.
   배도 있습니다.
   바나나는 없습니다.

3) 형이 있습니다.
   누나도 있습니다.
   동생은 없습니다.

4) 공책이 있습니다.
연필도 있습니다.
지우개는 없습니다.

5) _____이/가 있습니다.
_____도 있습니다.
_____은/는 없습니다.

※ 1) 번처럼 자기소개를 쓰십시오.

안녕하십니까?
_____
_____
_____
_____
_____
_____
만나서 반갑습니다.

1 _____에 쓰십시오.

1) 교과서_____ 있습니다.
   사전_____ 있습니다.
   잡지_____ 없습니다.

2) 책상_____ 있습니다.
   의자_____ 있습니다.
   전화_____ 없습니다.

3) 가방에 _____이/가 있습니다.

4) 필통에 _____이/가 있습니다.

5) _____에 주스가 있습니다. _____도 있습니다.

6) _____에 입이 있습니다. _____도 있습니다.

7) 산에 _____이/가 있습니다. _____도 있습니다.

8) 고향에 _____이/가 있습니다. _____도 있습니다.

9) _____에 빵이 있습니다. 우유도 있습니다.

10) 백화점에 _____이/가 있습니다. _____도 있습니다.

11) _____에 신문이 있습니다. 소설책도 있습니다.

12) 주머니에 _____이/가 있습니다. _____도 있습니다.

13) 사진에 _____이/가 있습니다. _____도 있습니다.

14) 기숙사 방에 _____이/가 있습니다. _____도 있습니다.

15) 바다에 _____이/가 있습니다. _____도 있습니다.

2 맞는 것을 고르십시오.

여러분, 반갑습니다. 저는 스즈키 유리(입니다, 있습니다).
일본 사람(입니다, 있습니다). 저는 학생(입니다, 있습니다).
지금 한국에 (입니다, 있습니다). 가족은 모두 일본 도쿄에
(입니다, 있습니다). 우리 가족은 할아버지, 할머니, 아버지,
어머니, 동생이 (입니다, 있습니다).
저는 한국말을 공부합니다. 학교 이름은 한국대학교(입니다,
있습니다).
기숙사가 아산 캠퍼스와 천안 캠퍼스에 (입니다, 있습니다).
저는 천안 캠퍼스에 (입니다, 있습니다). 학생들이 아주 많이
(입니다, 있습니다). 방 친구는 중국 사람(입니다. 있습니다).
친구 이름은 호우 쓰시우(입니다, 있습니다). 노래를 잘합니
다. 공부도 아주 잘합니다. 우리는 아주 친합니다.

가족 관계

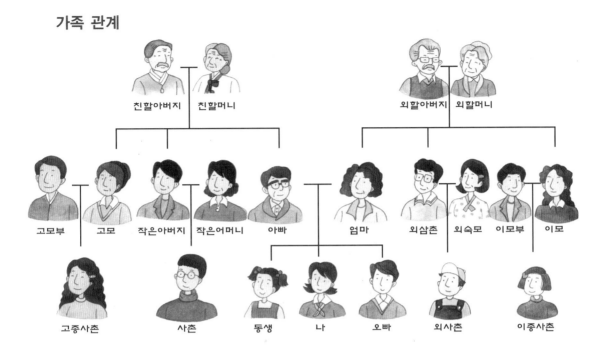

3 _____씨의 가족에 대해 쓰십시오.

1) 할아버지께서 계십니까?
2) 할머니께서 계십니까?
3) 부모님께서 계십니까?
4) 작은 아버지께서 계십니까?
5) 외삼촌께서 계십니까?
6) 고모께서 계십니까?
7) 이모께서 계십니까?
8) 누나/언니가 있습니까?
9) 형/오빠가 있습니까?
10) 여동생/남동생이 있습니까?

메 리 : 도서관이 어디에 있습니까?

미 애 : 1층에 있습니다.

메 리 : 컴퓨터실도 있습니까?

미 애 : 예, 컴퓨터실은 5층에 있습니다.

메 리 : 우체국도 있습니까?

미 애 : 아니요, 우체국은 없습니다.

1. 도서관이 있습니까?

2. 컴퓨터실이 1층에 있습니까?

3. 우체국이 있습니까?

어 휘

도서관   1층(일 층)   컴퓨터실

5층(오 층)   우체국

표 현

1. 없습니다	없(다) + 습니다
2. 있습니까?	있(다) + 습니까?
3. 1층에	1층 + 에
4. 컴퓨터실도	컴퓨터실 + 도

발 음

1. 도서관이	[도서과니]
2. 우체국도	[우체국또]
3. 없습니다	[업씀니다]

메 리 : (   ) 어디에 있습니까?
미 애 : 1층에 있습니다.

Track 16

메 리 : 컴퓨터실도 (   )?
미 애 : 예, 컴퓨터실은 5층에 있습니다.

Track 17

메 리 : (   ) 있습니까?
미 애 : 아니요, 우체국은 없습니다.

Track 18

과제활동

1 그림을 보고 친구와 이야기하고 _____에 쓰십시오.

1) 시계가 창문 _____에 있습니다.

2) 컴퓨터가 책상 _____에 있습니다.

3) 책상 _____에 책도 있습니다.

4) 안경이 서랍 _____에 있습니다.

5) 고양이가 의자 _____에 있습니다.

6) 전화가 소파 _____에 있습니다.

7) 아이가 어머니와 아버지 _____에 있습니다.

8) 아버지 _____에 신문이 있습니다.

산이 있습니다.
나무가 있습니다. 꽃도 있습니다.
집이 있습니다.
새가 있습니다. 고양이도 있습니다. 개는 없습니다.
자전거가 있습니다. 차도 있습니다. 오토바이는 없습니다.
할아버지와 할머니께서 계십니다. 아이도 있습니다.
의자도 있습니다.

3 그림을 보고 〈보기〉와 같이 '-이/가 -에 있습니다'로 이야기하십시오.

> **보기**
>
> 가 : 냉장고가 4층에 있습니까?
> 나 : 네, 냉장고가 4층에 있습니다.
> 가 : 양말도 있습니까?
> 나 : 아니요, 없습니다.

선 문 백 화 점	5F [오 층]	식당	
	4F [사 층]	가전	
	3F [삼 층]	가구	
	2F [이 층]	유아용품 의류	
	1F [일 층]	잡화	
	B1 [지하 일 층]	슈퍼마켓	
	B2 [지하 이 층]	주차장	
	B3 [지하 삼 층]	주차장	

표를 보고 쓰십시오.

9층[구 층]	식당
8층[팔 층]	도서관
7층[칠 층]	여자 기숙사
6층[육 층]	남자 기숙사
5층[오 층]	헬스 센터
4층[사 층]	보건실
3층[삼 층]	휴게실
2층[이 층]	사무실
1층[일 층]	매점

1) 남자 기숙사가 있습니까?

_____

어디에 있습니까?

_____

2) 도서관이 있습니까?

_____

어디에 있습니까?

_____

3) 커피숍이 있습니까? _____

4) 미장원이 있습니까? _____

5) 헬스 센터는 어디에 있습니까? _____

6) 보건실은 어디에 있습니까? _____

7) 사무실은 어디에 있습니까? _____

8) 서점이 있습니까? _____

9) 매점이 있습니까? _____

　　　어디에 있습니까? _____

10) 식당이 있습니까? _____

5 그림을 보고 이야기하십시오.

1) [그림 나]를 가지고 있는 사람과 〈보기〉와 같이 이야기하십시오.

  아래 물건이 어디에 있는지 듣고 쓰십시오.

보기

> 가 : 컵이 어디에 있습니까?
> 나 : 책상 위에 있습니다.

그림 가

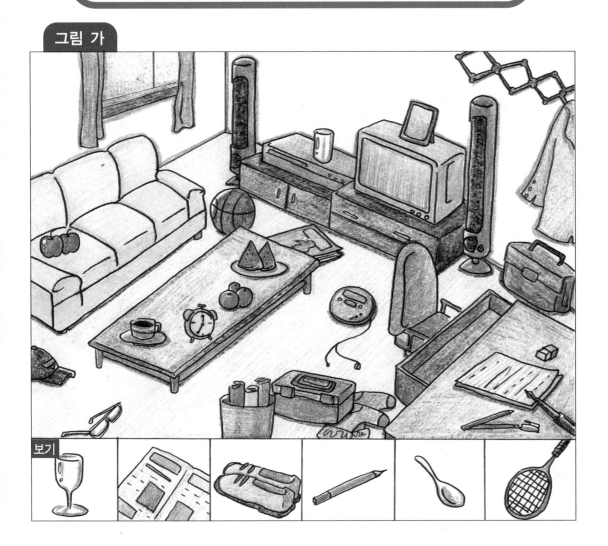

2) [그림 가]를 가지고 있는 사람과 이야기하십시오.
아래 물건이 어디에 있는지 듣고 쓰십시오.

보기

나 : 가방이 어디에 있습니까?
가 : 스피커 옆에 있습니다.

그림 나

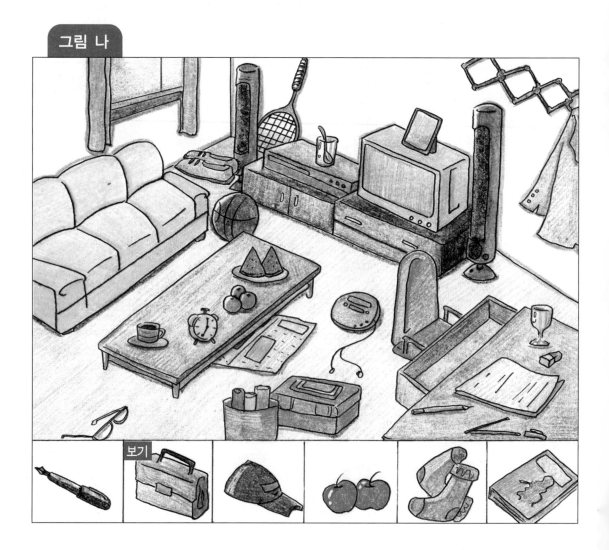

보기

6 냉장고에 무엇이 있습니까? 쓰십시오.

1) _____

2) _____

3) _____

4) _____

5) _____

3과 ~ 5과 말하기 연습

1. 선생님입니까?

2. 러시아에서 왔습니까?

3. 한국 사람입니까?

4. 이름이 무엇입니까?

5. 공부가 재미있습니까?

6. 어디 갑니까?

7. 김치가 맵습니까?

8. 컴퓨터실이 어디에 있습니까?

9. 중국말 공부합니까?

10. 한국 친구가 있습니까?

11. 지금 비가 옵니까?

12. 친구가 많습니까?

13. 동생이 있습니까?

14. 고향이 어디입니까?

15. 요즘 바쁩니까?

🌸 가족 관계 🌸

전통적으로 한국은 아들을 중시하는 경향이 있습니다. 이는 아들만이 가문의 대를 잇고 조상의 제사를 모실 수 있다고 믿었기 때문입니다. 특히 효를 중요시하는 유교 사상의 영향으로 장남이 부모님을 모시는 대가족 제도가 중심이 되어 왔습니다.

그런데 요즘은 아들, 딸을 구분하지 않고 적게 낳는 추세이기 때문에 장남 중심의 대가족 관계가 핵가족 제도로 바뀌고 있습니다.

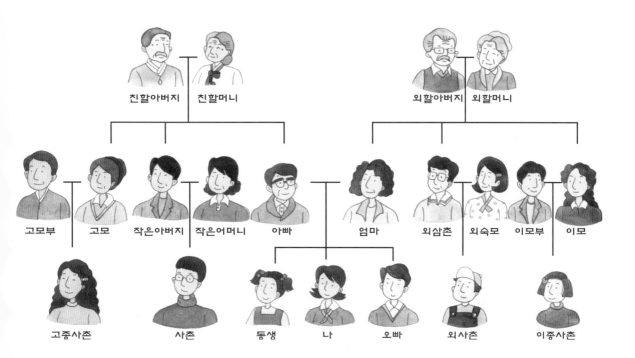

Family Relations

Traditionally, Korea has a tendency to attach great importance to sons, because people believed that only sons could continue the family lineage and perform ancestor veneration. Confucianism, which lays great importance on filial piety, has also influenced Korea. Thus, a large family system where the first son attends his parents has been the ideal of Korean families.

These days, however, because of a tendency to have fewer children regardless of gender, family relations centered on the first son are changing to a nuclear family system.

家族関係

伝統的に韓国は男の子を重んずる傾向があります。これは、男だけが家門の代を継いで先祖の祭祀(チェサ)を執り行うことが出来ると信じてきたためです。特に、孝を重要視する儒教思想の影響で、長男が父母に侍る大家族制が中心となってきました。

ところで最近は、息子、娘を区別しないで少なく生む趨勢のために、長男中心の家族関係が核家族制度に変わっています。

家族关系

按照传统韩国人有重儿子的倾向。因为他们认为只有儿子才可以传宗接代比承担祖宗的祭祀。尤其是因受到儒教之重孝思想的影响，长子赡养父母的大家族制成为中心。

而今人们不再刻意的区分生男，生女，并且养的孩子也越来越少了。因此以长子为中心的大家族关系正向核家庭制转变。

 **6과** **어디에서 한국말을 배웁니까?**

학습 목표 장소에 대해 말할 수 있습니다.

학습 내용 1. '[명]을/를' 을 배웁니다.

2. '[명]에서 [명]을/를 [동]ㅂ니다/
습니다' 를 배웁니다.

3. 'ㄹ' 불규칙을 배웁니다.

4. '어디/여기/거기/저기' 를 배웁니다.

 듣고 말하기

1. 한국말을 배웁니까?

2. 교실에서 숙제를 합니까?

1. [명]을/를 : the postposition expressing the objective case

1) [명]을 : when the noun ends in a consonant
2) [명]를 : when the noun ends in a vowel

	[명]을	[명]를
편지		편지를
노래		노래를
운동	운동을	
음악	음악을	

1) 가 : 노래를 부릅니까?

　나 : 예, 노래를 부릅니다.

2) 가 : 운동을 합니까?

　나 : 예, 운동을 합니다.

3) 가 : 편지를 씁니까?

　나 : 예, 편지를 씁니다.

4) 가 : 음악을 듣습니까?

　나 : 예, 음악을 듣습니다.

5) 가 : 무엇을 합니까?

　나 : 영화를 봅니다.

6) 가 : ＿＿＿＿＿을/를 ＿＿＿＿＿ㅂ니까?/습니까?

　나 : (예), ＿＿＿＿＿을/를 ＿＿＿＿＿ㅂ니다/습니다.

활용연습 1

1 〈보기〉와 같이 쓰십시오.

보기

가 : 운동을 합니까?
나 : 예, 운동을 합니다.

1)

가 : _____
나 : _____

2)

가 : _____
나 : _____

3)

가 : _____
나 : _____

4)

가 : _____
나 : _____

5)

가 : _____

나 : _____

6)

가 : _____

나 : _____

7)

가 : _____

나 : _____

8)

가 : _____

나 : _____

9)

가 : _____

나 : _____

10)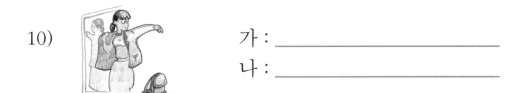

가 : _____

나 : _____

2 〈보기〉와 같이 질문에 답하십시오.

가 : 무엇을 합니까?
나 : 운동을 합니다.

1)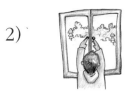

가 : 무엇을 합니까?
나 : _____

2)

가 : 무엇을 합니까?
나 : _____

3)

가 : 무엇을 합니까?
나 : _____

4)

가 : 무엇을 합니까?
나 : _____

5)

가 : 무엇을 합니까?
나 : _____

3 〈보기〉에서 골라 (   )에 쓰십시오.

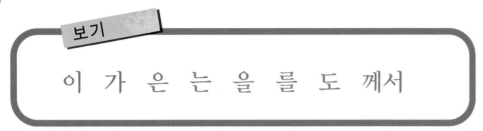

보기

이 가 은 는 을 를 도 께서

1) 공부(   ) 합니다.

2) 빵(   ) 있습니다. 커피(   ) 있습니다.

3) 저(   ) 미국 사람입니다.

4) 이것(   ) 사전입니다.

5) 친구(   ) 옵니다.

6) 아이스크림(   ) 먹습니다.

7) 여기(   ) 어디입니까?

8) 책(   ) 읽습니다. 신문(   ) 읽습니다.

9) 할아버지(   ) 계십니다.

10) 선생님(   ) 한국말(   ) 가르칩니다.

11) 학생(   ) 한국말(   ) 배웁니다.

12) 언니(   ) 영화(   ) 봅니다.

13) 무엇(   ) 있습니까?

14) 학교(   ) 좋습니다.

15) 어머니(   ) 요리(   ) 합니다.

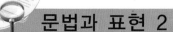

2. [명](장소)에서 [명]을/를 [동]ㅂ니다/습니다
: In/at the [place], subject+do/does+ something

1) 수영장 ⇒ 나는 수영장에서 수영을 합니다.

2) 교실 ⇒ 친구는 교실에서 공부를 합니다.

3) 기숙사 ⇒ 기숙사에서 이야기를 합니다.

4) 백화점 ⇒ 백화점에서 옷을 삽니다.

5) 커피숍 ⇒ 커피숍에서 커피를 마십니다.

6) _____ ⇒ _____

활용연습 2

1 그림을 보고 장소를 쓰십시오.

1)

도서관

2)

_____

3)

_____

4)

_____

5)
_____

6)

_____

7)

_____

8)

_____

9)

_____

10)

_____

11)

_____

12)

_____

2 맞게 연결하고 문장을 만드십시오.

1) 바다 · · 커피/마시다

2) 도서관 · · 친구/만나다

3) 커피숍 · · 책/사다

4) 서점 · · 낚시/하다

5) 은행 · · 돈/바꾸다

6) 백화점 · · 잡지/빌리다

7) 시내 · · 선물/사다

1) 바다에서 낚시를 합니다.

2) _____

3) _____

4) _____

5) _____

6) _____

7) _____

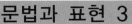
3. '르' 불규칙 : the ㄹ irregular of verbs or adjectives

ㄹ is omitted when the verb or adjective stem of the word ends in ㄹ 받침 and is followed by a word beginning with ㄴ, ㅂ, ㅅ.

1) 알다 : 알 + ㅂ니다 → 압니다
2) 들다 : 들 + ㅂ니다 → 듭니다

1) 가 : 무엇을 만듭니까?
    나 : 도자기를 만듭니다.

2) 가 : 어디에서 삽니까?
    나 : 기숙사에서 삽니다.

3) 가 : 친구가 웁니까?
    나 : 예, 친구가 웁니다.

4) 가 : 아이스크림이 답니까?
    나 : 예, 아이스크림이 답니다.

5) 가 : 바람이 붑니까?
    나 : 예, 바람이 붑니다.

활용연습 3

1 쓰십시오.

	ㅂ니다		ㅂ니다
열다	엽니다	놀다	
팔다		멀다	
걸다		풀다	
길다		들다	
살다		힘들다	

보기

창문을 <u>엽니다</u>.(열다)

1) 아이들이 _____(놀다)

2) 매점에서 우유를 _____(팔다)

3) 한국에서 아프리카는 _____(멀다)

4) 달력을 _____(걸다)

5) 문제를 _____(풀다)

6) 머리가 _____(길다)

7) 가방을 _____(들다)

8) 한국에서 _____(살다)

9) 일이 _____(힘들다)

ㄹ

2 〈보기〉처럼 질문에 답을 쓰십시오.

> 보기
>
> 가 : 세종대왕을 압니까?
> 나 : 예, 세종대왕을 압니다.

1) 가 : 딸기가 답니까?
　 나 : 예, ＿＿＿＿＿＿＿＿＿＿＿＿＿＿

2) 가 : 우체국이 멉니까?
　 나 : 예, ＿＿＿＿＿＿＿＿＿＿＿＿＿＿

3) 가 : 아르바이트가 힘듭니까?
　 나 : 예, ＿＿＿＿＿＿＿＿＿＿＿＿＿＿

4) 가 : 새가 납니까?
　 나 : 예, ＿＿＿＿＿＿＿＿＿＿＿＿＿＿

5) 가 : 아기가 웃습니까?
　 나 : 아니요, ＿＿＿＿＿＿＿＿＿＿＿＿

6) 가 : 문을 닫습니까?
　 나 : 아니요, ＿＿＿＿＿＿＿＿＿＿＿＿

7) 가 : 어디에서 삽니까?

　　나 : _____

8) 가 : 무엇을 만듭니까?

　　나 : _____

9) 가 : 러시아어를 압니까?

　　나 : 예, _____

10) 가 : 전화를 겁니까?

　　나 : 예, _____

11) 가 : 고향이 가깝습니까?

　　나 : 아니요, _____

12) 가 : 어디에서 놉니까?

　　나 : _____

13) 가 : 창문을 엽니까?

　　나 : 예, _____

14) 가 : 기숙사에서 삽니까?

　　나 : 예, _____

4. 어디 : where 여기 : here 거기 : there
저기 : over there

1) 가 : 저기는 어디입니까?

　　나 : 저기는 커피숍입니다.

2) 가 : 거기는 도서관입니까?

　　나 : 아니요. 여기는 서점입니다.

3) 가 : 저기가 병원입니까?

　　나 : 예, 저기가 병원입니다.

4) 가 : 어디에서 공부를 합니까?

　　나 : 도서관에서 공부를 합니다.

5) 가 : _____

　　나 : _____

민 수 : 어디에서 한국말을 배웁니까?
조 던 : 선문대학교에서 한국말을 배웁니다.
민 수 : 교실에서 숙제를 합니까?
조 던 : 아니요, 도서관에서 숙제를 합니다.
민 수 : 어디에서 삽니까?
조 던 : 기숙사에서 삽니다.

1. 조던은 무엇을 배웁니까?

2. 조던은 어디에서 숙제를 합니까?

3. 조던은 기숙사에서 삽니까?

한국말　교실　숙제　기숙사

1. 배웁니까?	배우(다) + ㅂ니까?
2. 합니다	하(다) + ㅂ니다
3. 삽니까?	살(다) + ㅂ니까?
4. 기숙사에서	기숙사 + 에서

1. 한국말을	[한궁마를]
2. 교실에서	[교시레서]
3. 숙제를	[숙쩨를]
4. 기숙사	[기숙싸]

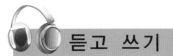 **듣고 쓰기**

민 수 : 어디에서 (   ) 배웁니까?
조 던 : 선문대학교에서 한국말을 배웁니다.

Track 20

민 수 : (   ) 숙제를 합니까?
조 던 : 아니요, 도서관에서 숙제를 합니다.

Track 21

민 수 : 어디에서 삽니까?
조 던 : (   ) 삽니다.

Track 22

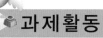

1 인터뷰를 합시다.

질문 \ 이름	나 ( )	친구 ( )
1) 어디에서 숙제를 합니까?	기숙사에서 숙제를 합니다.	도서관에서 숙제를 합니다.
2) 어디에서 옷을 삽니까?		
3) 어디에서 커피를 마십니까?		
4) 어디에서 친구를 만납니까?		
5) 어디에서 운동을 합니까?		
6) 어디에서 영화를 봅니까?		
7) 어디에서 이야기를 합니까?		
8) 어디에서 책을 읽습니까?		
9) 어디에서 사진을 찍습니까?		

2 다음 장소에서 무엇을 합니까? 쓰십시오.

1) 여기는 기숙사입니다.

기숙사에서 잠을 잡니다.
_____
_____
_____

2) 여기는 찜질방입니다.

_____
_____
_____
_____

3) 여기는 공항입니다.

_____
_____
_____

3 맞는 것을 고르십시오.

안녕하세요?
수잔(입니다/있습니다).
저(은/는/을/를) 미국(에/에서) 왔습니다.
친구(이/가/을/를) 많습니다.
한국어 공부(이/가/을/를) 재미있습니다.
한국 음식(이/가/을/를) 좋아합니다.
김치(이/가/을/를) 맛있습니다.
불고기(을/를/도/이) 아주 맛있습니다.
한국 생활(이/가/을/를) 정말 즐겁습니다.

4 보통 주말에 무엇을 합니까? 쓰십시오.

1) _____

2) _____

3) _____

4) _____

5) _____

6) _____

7) _____

5 맞는 사람을 찾으십시오.

1) 텔레비전을 봅니다. (   )   2) 바나나를 먹습니다. (   )

3) 시계를 봅니다. (   )   4) 잠을 잡니다. (   )

5) 노래를 부릅니다. (   )   6) 전화를 합니다. (   )

7) 이야기를 합니다. (   )   8) 춤을 춥니다. (   )

9) 신문을 읽습니다. (   )   10) 그림을 그립니다. (   )

11) 커피를 마십니다. (   )   12) 사진을 찍습니다. (   )

13) 음악을 듣습니다. (   )   14) 사과를 먹습니다. (   )

우산을 씁니다

안경을 씁니다

넥타이를 맵니다

허리띠를 맵니다

바지를 입습니다

가방을 듭니다

구두를 신습니다

모자를 씁니다

귀걸이를 합니다

목걸이를 합니다

반지를 낍니다

가방을 멥니다

시계를 찹니다

치마를 입습니다

양말을 신습니다

운동화를 신습니다

7 맞게 쓰십시오.

가) _____ 나) _____

다) _____ 라) _____

마) _____ 바) _____

사) _____ 아) _____

자) _____ 차) _____

카) _____ 타) _____

파) _____ 하) _____

8 ( )에 맞게 쓰십시오.

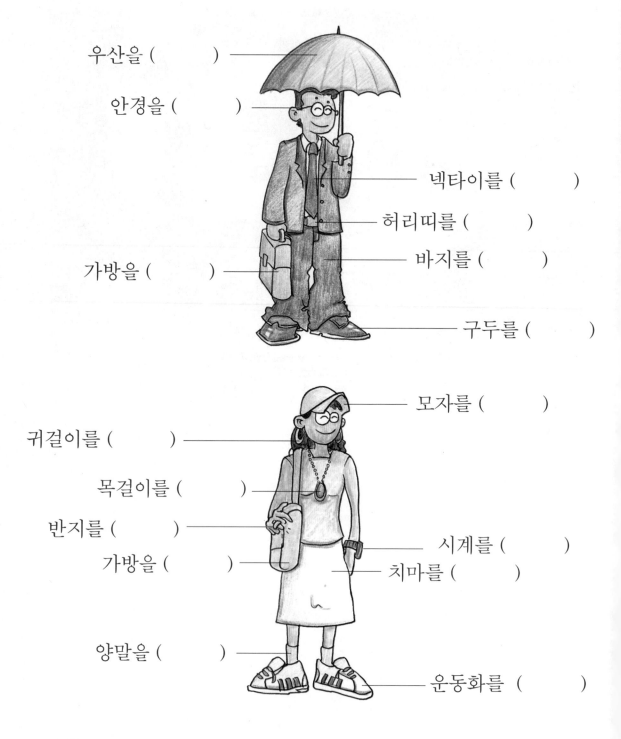

우산을 ( )

안경을 ( )

넥타이를 ( )

허리띠를 ( )

바지를 ( )

가방을 ( )

구두를 ( )

모자를 ( )

귀걸이를 ( )

목걸이를 ( )

반지를 ( )

시계를 ( )

가방을 ( )

치마를 ( )

양말을 ( )

운동화를 ( )

7과 저건 책이 아니에요

학습 목표	명사 부정에 대해 표현할 수 있습니다.
학습 내용	1. '[명]예요/이에요' 를 배웁니다.
	2. '[명]이/가 아니에요' 를 배웁니다.
	3. '무엇/이것/그것/저것' 을 배웁니다.
	4. '대명사 + 조사 축약형' 을 배웁니다.

 듣고 말하기

1. 그건 신문이에요?

2. 저건 잡지예요?

1. [명]예요/이에요 : less formal form of '[명]입니다.'

1) [명]예요 : when the noun ends in a vowel
2) [명]이에요 : when the noun ends in a consonant

1) 가 : 가수예요?

   나 : 예, 가수예요.

2) 가 : 군인이에요?

   나 : 예, 군인이에요.

3) 가 : 공책이에요?

   나 : 예, 공책이에요.

4) 가 : 교회예요?

   나 : 예, 교회예요.

5) 가 : 사무실이에요?

   나 : 예, 사무실이에요.

6) 가 : _____예요?/이에요?

   나 : 예, _____예요/이에요.

활용연습 1

1 다음 표에 쓰십시오.

	[명]입니다	[명]예요	[명]이에요
교과서	교과서입니다	교과서예요	
연필	연필입니다		연필이에요
컴퓨터			
안경			
누나			
친구			
선생님			
시장			
가게			
운동장			
전화			
과자			
수박			
사진			
구두			
치약			
꽃			

2 보기처럼 질문에 답을 쓰십시오.

> 보기
>
> 가 : 누구예요?
> 나 : 어머니예요.

1) 가 : 이름이 뭐예요?
   나 : _____

2) 가 : 직업이 뭐예요?
   나 : _____

3) 가 : 어느 나라 사람이에요?
   나 : _____

4) 가 : 어디예요?
   나 : _____

5) 가 : _____?
   나 : 가방이에요.

6) 가 : _____?
   나 : 친구예요.

7) 가 : _____?

　　나 : 예, 셔틀버스예요.

8) 가 : _____?

　　나 : 예, 한국 음식이에요.

9) 가 : 형이에요?

　　나 : _____

10) 가 : _____?

　　나 : 예, 도서관이에요.

11) 가 : 인삼차예요?

　　나 : _____.

12) 가 : 할아버지예요?

　　나 : _____.

13) 가 : _____?

　　나 : 예, 떡이에요.

14) 가 : _____?

　　나 : 예, 기숙사예요.

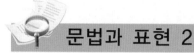

2. [명]이/가 아니에요 : negative form of '[명]예요/이에요'

1) [명]이 아니에요 : when the noun ends in a consonant
2) [명]가 아니에요 : when the noun ends in a vowel

	[명]이 아니에요	[명]가 아니에요
의자		의자가 아니에요
시계		시계가 아니에요
책상	책상이 아니에요	
사전	사전이 아니에요	

1) 가 : 의자예요?

　나 : 아니요, 의자가 아니에요. 칠판이에요.

2) 가 : 공책이에요?

　나 : 아니요, 공책이 아니에요. 달력이에요.

3) 가 : 축구선수예요?

　　나 : 아니요, 축구선수가 아니에요. 야구선수예요.

4) 가 : 일본 사람이에요?

　　나 : 아니요, 일본 사람이 아니에요. 중국 사람이에요.

5) 가 : 회사예요?

　　나 : 아니요, 회사가 아니에요. 교회예요.

6) 가 : ＿＿＿＿＿＿＿＿예요?/이에요?

　　나 : (아니요), ＿＿＿＿＿＿＿＿이/가 아니에요.

　　　　＿＿＿＿＿＿＿＿예요/이에요.

활용연습 2

1 〈보기〉와 같이 쓰십시오.

보기

지도예요. [×]   → 지도가 아니에요.
신문이에요. [×]   → 신문이 아니에요.

1) 산이에요. [×]   → _____

2) 바다예요. [×]   → _____

3) 숙제예요. [×]   → _____

4) 언니예요. [×]   → _____

5) 전화카드예요. [×]   → _____

6) 도서관이에요. [×]   → _____

7) 지하철이에요. [×]   → _____

8) 생일이에요. [×]   → _____

9) 한복이에요. [×]   → _____

10) 여권이에요. [×]   → _____

2 〈보기〉와 같이 쓰십시오.

> 보기
>
> 가 : 간호사예요?
> 나 : 아니요, 간호사가 아니에요. 의사예요.

1) 가 : 언니예요?
　　나 : 아니요, _____

2) 가 : 편지예요?
　　나 : 아니요, _____

3) 가 : 백화점이에요?
　　나 : 아니요, _____

4) 가 : 휴대전화예요?
　　나 : 아니요, _____

5) 가 : 극장이에요?
　　나 : 아니요, _____

3 〈보기〉와 같이 쓰십시오.

가 : 컴퓨터예요?
나 : <u>아니요, 컴퓨터가 아니에요.</u>
　　<u>휴대전화예요.</u>

1) 　　가 : 배예요?
　　　　　　　　나 : _____
　　　　　　　　　　　_____

2) 　　가 : 의사예요?
　　　　　　　　나 : _____
　　　　　　　　　　　_____

3) 　　가 : 은행이에요?
　　　　　　　　나 : _____
　　　　　　　　　　　_____

4) 　　가 : 할머니예요?
　　　　　　　　나 : _____
　　　　　　　　　　　_____

5) 　　가 : 케이크예요?
　　　　나 : _____
　　　　　　_____

3. 무엇: what 이것: this 그것: it, that 저것: that

가 : 무엇입니까?   나 : 지도입니다.
가 : 이것은 무엇입니까?   나 : 그것은 문입니다.
가 : 그것은 무엇입니까?   나 : 이것은 컴퓨터입니다.
가 : 저것은 무엇입니까?   나 : 저것은 사진입니다.

1) 가 : 무엇입니까? (뭐예요?)
   나 : 칠판입니다. (칠판이에요.)

2) 가 : 이것은 공책입니까? (공책이에요?)
   나 : 아니요, 그것은 달력입니다. (달력이에요.)

3) 가 : 그것은 구두입니까? (구두예요?)
   나 : 예, 이것은 구두입니다. (구두예요.)

4) 가 : 저것은 지도입니까? (지도예요?)
   나 : 아니요, 저것은 그림입니다. (그림이에요.)

5) 가 : 저것은 기차입니까? (기차예요?)
   나 : 아니요, 저것은 지하철입니다. (지하철이에요.)

6) 가 : _____예요?/이에요?
   나 : (아니요), _____이/가 아니에요.
        _____예요/이에요.

4. 대명사 + 조사 → 축약형 : pronoun + postposition → reduced form

대명사 + 조사		축약형
무엇 + 이	무엇이 (○)	뭐가
이것 + 이	이것이 (○)	이게
그것 + 이	그것이 (○)	그게
저것 + 이	저것이 (○)	저게
누구 + 가	* 누구가 (×)	누가
이것 + 은	이것은 (○)	이건
그것 + 은	그것은 (○)	그건
저것 + 은	저것은 (○)	저건
무엇 + 을	무엇을 (○)	뭘
누구 + 를	누구를 (○)	누굴
이것 + 을	이것을 (○)	이걸
그것 + 을	그것을 (○)	그걸
저것 + 을	저것을 (○)	저걸
어디 + 에서	어디에서 (○)	어디서
여기 + 에서	여기에서 (○)	여기서
거기 + 에서	거기에서 (○)	거기서
저기 + 에서	저기에서 (○)	저기서

1 〈보기〉에서 골라 (   ) 에 쓰십시오.

보기1

이건 그건 저건 뭐가 이게 그게 저게 누가 뭘 누굴 이걸
그걸 저걸 어디서 거기서 여기서 저기서

1) 책상 위에 (   ) 있습니까?

2) (   ) 뭐예요?

3) 지금 집에 (   ) 있습니까?

4) (   ) 먹습니까?

5) (   ) 갑니까?

6) (   ) 기다립니까?

7) (   ) 한국어를 배웁니까?

8) (   ) 사과입니다.

9) (   ) 무엇입니까?

10) (   ) 반장입니까?

11) (   ) 친구를 만납니다.

12) (   ) 찾습니까?

메 리 : 이건 뭐예요?

미 애 : 그건 신문이에요.

메 리 : 저건 책이에요?

미 애 : 아니요, 저건 책이 아니에요.
　　　 잡지예요.

메 리 : 그건 뭐예요?

미 애 : 이건 세계 지도예요.

1. 이것은 무엇입니까?

2. 저것은 책입니까?

3. 그것은 무엇입니까?

어 휘

이건 그건 저건 신문

잡지 세계 지도

표 현

1. 이건	이것 + 은
2. 신문이에요	신문 + 이에요
3. 잡지예요	잡지 + 예요
4. 뭐예요?	뭐(무엇) + 예요?

발 음

1. 신문이에요	[신무니에요]
2. 책이에요	[채기에요]
3. 잡지예요	[잡찌예요]
4. 세계	[세게]

메 리 : (   ) 뭐예요?
미 애 : 그건 신문이에요.

 Track 24

메 리 : 저건 책이에요?
미 애 : 아니요, 저건 (   ). 잡지예요.

 Track 25

메 리 : 그건 뭐예요?
미 애 : 이건 (   ).

 Track 26

1 인터뷰를 합시다.

질문 이름	나( )	친구( )
1) 가방에 뭐가 있습니까?		
2) 기숙사에서 뭘 합니까?		
3) 오늘 누굴 만납니까?		
4) 저건 뭐예요?		
5) 그게 뭐예요?		
6) 뭘 봅니까?		
7) 어디서 옷을 삽니까?		
8) 방에서 뭘 먹습니까?		
9) 누굴 기다립니까?		
10) 여기서 뭘 배웁니까?		

2 **-1** 그림을 보고 〈보기〉와 같이 이야기를 하십시오.

보기

> 가 : 안경이에요?
> 나 : 예, 안경이에요.

보기

부츠 다리 무릎 엉덩이 손 배 허리
안경 손가락 손목 머리 눈 입 목

2 -2 그림을 보고 〈보기〉와 같이 이야기를 하십시오.

보기

가 : 귀예요?
나 : 아니요, 귀가 아니에요. 코예요.

보기

허리띠 모자 배꼽 눈썹 얼굴
귀 코 이 가슴 팔 운동화

3 -1 (　　　　　) 에 쓰십시오.

⑭ (　　　　　)

(　　　　　) ❶

(　　　　　) ❷

⑬ (　　　　　)

(　　　　　) ❸

⑫ (　　　　　)

⑪ (　　　　　)

(　　　　　) ❹
(　　　　　) ❺

⑩ (　　　　　)

⑨ (　　　　　)

(　　　　　) ❻

❽ (　　　　　)

(　　　　　) ❼

3 -2 (　　　　　) 에 쓰십시오.

⑪ (　　　　　)

(　　　　　)

① 　⑩ (　　　　　)

② 　⑨ (　　　　　)

　⑧ (　　　　　)

(　　　　　)

③ 　⑦ (　　　　　)

(　　　　　)

④ 　⑥ (　　　　　)

(　　　　　)

⑤ (　　　　　)

 **8과** 음악을 들어요

학습 목표	동사/형용사 부정에 대해 표현할 수 있습니다.
학습 내용	1. '[동], [형]아요/어요/여요' 를 배웁니다.
	2. '[동], [형]지 않다, 안 [동], [형]아요/어요/여요' 를 배웁니다.
	3. 'ㄷ' 불규칙을 배웁니다.

 듣고 말하기

1. 지금 무엇을 합니까?

2. 어떤 음악을 좋아합니까?

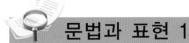

1. [동], [형]아요/어요/여요

: less formal form of '[동],[형]ㅂ니다/습니다'
It is commonly used in conversation.

1) [동], [형]아요 : when the verb or adjective stem ends in ㅏ or ㅗ
2) [동], [형]어요 : when the verb or adjective stem ends in other vowels
3) [동], [형]여요 : when the verb or adjective stem ends in 하

※[동], [형]하여요 ⇒ [동], [형]해요

	[동],[형]ㅂ니다/습니다	[동],[형]아요/어요/여요
가다	갑니다	가요
많다	많습니다	많아요
보다	봅니다	봐요
주다	줍니다	줘요
적다	적습니다	적어요
없다	없습니다	없어요
예쁘다	예쁩니다	예뻐요
쓰다	씁니다	써요
마시다	마십니다	마셔요
씻다	씻습니다	씻어요
운동하다	운동합니다	운동해요
한가하다	한가합니다	한가해요

1) 가 : 어디 가요?

나 : 학교 가요.

2) 가 : 뭐 먹어요?

나 : 사과 먹어요.

3) 가 : 공부해요?

나 : 예, 공부해요.

4) 가 : 컴퓨터해요?

나 : 아니요, 텔레비전 봐요.

5) 가 : 친구 만나요?

나 : 아니요, 언니 만나요.

6) 가 : _____아요?/어요?/여요?

나 : (네/아니요), _____아요/어요/여요.

활용연습 1

1 다음 표에 쓰십시오.

	[동],[형]ㅂ니다/습니다	[동],[형]아요/어요/여요
사다		사요
만나다		
앉다		
오다		
재미있다		
놀다		
입다		
만들다		
읽다		읽어요
기다리다		
쉬다		
넓다		
노래하다		
일하다		
싸다		
좋다		
크다		
아프다		아파요
바쁘다		
많다		

2 〈보기〉와 같이 쓰십시오.

보기

가 : 운동을 해요?

나 : 예, 운동을 해요.

1)

가 : _____

나 : _____

2)

가 : _____

나 : _____

3)

가 : _____

나 : _____

4)

가 : _____

나 : _____

5)

가 : _____

나 : _____

6)

가 : _____

나 : _____

7)

가 : _____

나 : _____

8)

가 : _____

나 : _____

9)

가 : _____

나 : _____

10)

가 : _____

나 : _____

2. [동], [형]지 않아요 = 안 [동],[형]아요/어요/여요

: negative form of '[동],[형]아요/어요/여요'

	[동],[형]지 않아요	안 [동],[형]아요/어요/여요
자다	자지 않아요	안 자요
먹다	먹지 않아요	안 먹어요
깨끗하다	깨끗하지 않아요	안 깨끗해요
높다	높지 않아요	안 높아요

※ 공부하지 않아요. = 공부 안 해요.

1) 가 : 신문을 읽어요?

　나 : 아니요, 신문을 읽지 않아요. 잡지를 읽어요.

2) 가 : 컴퓨터 게임을 해요?

　나 : 아니요, 컴퓨터 게임을 안 해요. 공부해요.

3) 가 : 커피를 마셔요?

　　나 : 아니요, 커피를 마시지 않아요. 인삼차를 마셔요.

4) 가 : 라면을 먹어요?

　　나 : 아니요, 라면을 안 먹어요. 냉면을 먹어요.

5) 가 : 기차를 타요?

　　나 : 아니요, 기차를 타지 않아요. 고속버스를 타요.

6) 가 : _____ 아요?/어요?/여요?

　　나 : 아니요, _____ 지 않아요.

　　　　_____ 아요/어요/여요.

활용연습 2

1 표에 쓰십시오.

	[동],[형]지 않아요
친구를 만나다	
옷이 비싸다	
비가 오다	
키가 크다	
카드를 만들다	
손이 깨끗하다	
의자에 앉다	
구두가 작다	
과자를 사다	
빵을 좋아하다	
전화를 하다	
그림을 그리다	
사람이 많다	

2 그림을 보고 보기와 같이 쓰십시오.

보기

가 : 밥을 먹어요?
나 : 아니요, 밥을 먹지 않아요.
가 : 그럼 뭘 해요?
나 : 커피를 마셔요.

1)

가 : _____
나 : _____
가 : _____
나 : _____

2)

가 : _____
나 : _____
가 : _____
나 : _____

3)

가 : _____
나 : _____
가 : _____
나 : _____

4)

가 : _____
나 : _____
가 : _____
나 : _____

5)

가 : _____
나 : _____
가 : _____
나 : _____

3. 'ㄷ' 불규칙 동사 : ㄷ the irregular verb

When the ㄷ 받침 and a vowel combines, ㄷ changes to ㄹ.

1) 듣다 〉 들 + 어요 → 들어요.
2) 걷다 〉 걸 + 어요 → 걸어요.

1)

가 : 음악을 듣습니까?
나 : 예, 음악을 들어요.

2)

가 : 혼자 걷습니까?
나 : 예, 혼자 걸어요.

3)

가 : 차에 가방을 싣습니까?
나 : 예, 차에 가방을 실어요.

4)

가 : 선생님이 묻습니까?
나 : 아니요, 학생이 물어요.

활용연습 3

1 표에 쓰십시오.

		[동],[형]ㅂ니다/습니다	[동],[형]아요/어요/여요
ㄷ→ㄹ	듣다		
	묻다		
	싣다		
	걷다		
ㄷ→ㄷ	닫다		
	받다		
	믿다		

보기

라디오를 들어요. (듣다)

1) 이름을 ＿＿＿＿＿＿＿＿＿＿＿(묻다)

2) 비행기에 짐을 ＿＿＿＿＿＿＿＿(싣다)

3) 혼자 ＿＿＿＿＿＿＿＿＿＿＿＿(걷다)

4) 창문을 ＿＿＿＿＿＿＿＿＿＿(닫다)

5) 생일 선물을 ＿＿＿＿＿＿＿＿(받다)

6) 그 친구를 ＿＿＿＿＿＿＿＿＿(믿다)

민 수 : 지금 공부해요?
조 던 : 아니요, 공부하지 않아요.
민 수 : 그럼 뭐 해요?
조 던 : 음악을 들어요.
민 수 : 어떤 음악을 좋아해요?
조 던 : 클래식(classic)을 좋아해요.

1. 지금 공부합니까?

2. 누가 음악을 듣습니까?

3. 누가 클래식을 좋아합니까?

지금   그럼   음악

어떤   클래식(classic)

1. 공부하지 않아요	공부하(다) + 지 않아요
2. 음악을	음악 + 을
3. 들어요	듣(다) + 어요
4. 좋아해요	좋아하(다) + 여요

1. 음악을	[으마글]
2. 좋아해요	[조아해요]
3. 클래식을	[클래시글]

 듣고 쓰기

민 수 : 지금 공부해요?
조 던 : 아니요, ( ). Track 28

민 수 : 그럼 뭐 해요?
조 던 : ( ) 들어요. Track 29

민 수 : 어떤 음악을 ( )?
조 던 : 클래식(classic)을 좋아해요. Track 30

과제활동

1 그림을 보고 인터뷰를 합시다.

동물	개	새	고양이	사자	돼지
영화	멜로	공포	에스에프(SF)	액션	코미디
운동	탁구	축구	스키	야구	수영
과일	딸기	포도	수박	바나나	사과
꽃	무궁화	해바라기	코스모스	튤립	장미
음악	클래식(classic)	팝(pop)	록(rock)	재즈(jazz)	가요(Korean popsong)

질문	나( )	친구1( )	친구2( )
1) 어떤 동물을 좋아해요?			
2) 어떤 영화를 좋아해요?			
3) 어떤 운동을 좋아해요?			
4) 어떤 과일을 좋아해요?			
5) 어떤 꽃을 좋아해요?			
6) 어떤 음악을 좋아해요?			

2 〈보기〉를 '-아요/어요/여요, -예요/이에요'로 바꿔 쓰십시오.

> 보기
>
> 저는 일본 사람입니다. 일본 오사카에서 왔습니다.
> 이름은 스즈키 리에입니다.
> 지금 한국대학교에서 한국어를 배웁니다.
> 한국어 공부가 재미있습니다.
> 저는 학교 기숙사에서 삽니다. 방 친구가 아주 좋습니다.

아직 한국 친구가 없습니다.
저는 운동을 잘합니다. 테니스를 잘 칩니다.
배구도 좋아합니다.
저는 키가 크지 않습니다. 머리가 깁니다.
영화를 아주 좋아합니다. 한국 드라마도 좋아합니다.
드라마가 아주 재미있습니다.

☞ 저는 일본사람이에요. 일본 오사카에서 왔어요.

_____

_____

_____

_____

_____

_____

_____

_____

_____

3 '[동],[형]아요/어요/여요', '[동], [형]지 않아요'를 이용하여 질문에 답하십시오.

> 보기
>
> 1. 한국말을 배웁니까?
>   <u>예, 한국말을 배워요.</u>
> 2. 운동을 좋아합니까?
>   <u>아니요, 운동을 좋아하지 않아요.</u>

1) 눈이 옵니까? _____

2) 숙제가 많습니까? _____

3) 머리가 깁니까? _____

4) 키가 큽니까? _____

5) 날씨가 좋습니까? _____

6) 공포영화를 좋아합니까? _____

7) 백화점에서 옷을 삽니까? _____

8) 아르바이트를 합니까? _____

9) 매일 커피를 마십니까? _____

10) 자주 산책을 합니까? _____

11) 가끔 편지를 씁니까? _____

12) 기숙사에서 삽니까? _____

4 〈보기〉에서 골라 (   )에 쓰십시오.

보기

이	가	을	를	은	는
도	에서	에	께서		

1) 교실(   ) 공부(   ) 해요.

2) 친구(   ) 운동(   ) 잘합니다.

3) 백화점(   ) 언니(   ) 옷(   ) 사요.

4) 선생님(   ) 책(   ) 읽습니다. 학생(   ) 읽습니다.

5) 저기(   ) 기숙사(   ) 아닙니다.

6) 책상 위(   ) 무엇(   ) 있습니까?

7) 저(   ) 몽골(   ) 왔습니다.

8) 공항(   ) 비행기(   ) 타요.

9) 여기(   ) 사진(   ) 찍습니다.

10) 냉장고(   ) 우유(   ) 있습니다. 주스(   ) 있습니다.

11) 이것(   ) 한국 음식(   ) 아닙니다.

12) 부모님(   ) 고향(   ) 계십니까?

5 ※ 〈보기〉에서 골라 표에 동사, 형용사의 반대말을 쓰십시오.

보기

오다	밝다	슬프다	일어나다	가깝다	먹다	아프다	짧다
헤어지다	다르다	울다	들어가다	맵다	맛있다	닫다	끄다
일어서다	신다	벗다	쉬다	시작하다	작다	쉽다	
조용하다	덥다	예쁘다	팔다	적다	가르치다	재미없다	

1	기쁘다	↔
2	멀다	↔
3	시끄럽다	↔
4	만나다	↔
5	웃다	↔
6	사다	↔
7	켜다	↔
8	일하다	↔
9	많다	↔
10	어렵다	↔
11	크다	↔
12	입다	↔
13	앉다	↔
14	열다	↔
15	나오다	↔
16	같다	↔
17	길다	↔
18	배우다	↔
19	자다	↔
20	어둡다	↔

6과 ～ 8과 말하기 연습

1. 학교에서 일본말을 배워요?

2. 어디에서 숙제를 해요?

3. 지금 비가 많이 와요?

4. 어디에서 살아요?

5. 영화를 좋아해요?

6. 가수예요?

7. 어느 나라 사람이에요?

8. 어떤 음악을 좋아해요?

9. 지금 운동해요?

10. 머리가 길어요?

11. 한국 음식을 잘 먹어요?

12. 노래를 잘해요?

13. 친구가 많아요?

14. 자주 시내에 가요?

15. 컴퓨터실에서 뭘 해요?

3과 본문 (p. 50)

Min Su	How do you do?
Aibo	How do you do?
Min Su	What's your name?
Aibo	My name is Aibo.
Min Su	Where are you from?
Aibo	I'm from China.

4과 본문 (p. 81)

Mi Ae	Is studying Korean interesting?
Jordan	Yes, studying Korean is interesting.
Mi Ae	Where are you going?
Jordan	I'm going to school.
Mi Ae	Good-bye.
Jordan	Good-bye.

5과 본문 (p. 104)

Mary	Where is the library?
Mi Ae	It's on the first floor.
Mary	Is there a computer lab, too?
Mi Ae	Yes, the computer lab is on the fifth floor.
Mary	Is there a post office, too?
Mi Ae	No, there isn't a post office.

187

6과 본문 (p. 133)

Min Su	Where do you study Korean?
Jordan	I study Korean at Sun Moon University.
Min Su	Do you do your homework in the classroom?
Jordan	No, I do my homework in the library.
Min Su	Where do you live?
Jordan	I live in the dormitory.

7과 본문 (p. 157)

Mary	What's this?
Mi Ae	It's a newspaper.
Mary	Is that a book?
Mi Ae	No, that's not a book. That's a magazine.
Mary	What's that?
Mi Ae	It's a world map.

8과 본문 (p. 177)

Min Su	Are you studying now?
Jordan	No, I'm not studying.
Min Su	What are you doing then?
Jordan	I'm listening to music.
Min Su	What kind of music do you like?
Jordan	I like classical music.

3과 본문 (p. 50)

ミンス：　こんにちは。
アイボ：　こんにちは。
ミンス：　名前は何ですか？
アイボ：　アイボです。
ミンス：　どこから来ましたか？
アイボ：　中国から来ました。

4과 본문 (p. 81)

ミ　　エ：　韓国語の勉強は面白いですか？
ジョーダン：　はい、韓国語の勉強は面白いです。
ミ　　エ：　どこへ行くんですか？
ジョーダン：　学校へ行きます。
ミ　　エ：　さようなら。
ジョーダン：　はい、さようなら。

5과 본문 (p. 104)

メリー：　図書館はどこにありますか？
ミ　エ：　1階にあります。
メリー：　コンピューター室もありますか？
ミ　エ：　はい、コンピューター室は5階にあります。
メリー：　郵便局もありますか？
ミ　エ：　いいえ、郵便局はありません。

6과 본문 (p. 133)

ミ ン ス: どこで韓国語を習(って)いますか？

ジョーダン: 鮮文大学で韓国語を習(って)います。

ミ ン ス: 教室で宿題をしますか？

ジョーダン: いいえ、図書館で宿題をします。

ミ ン ス: どこに住んでいますか？

ジョーダン: 寄宿舎に住んでいます。

7과 본문 (p. 157)

メリー: これは何ですか？

ミ エ: それは新聞です。

メリー: あれは本ですか？

ミ エ: いいえ、あれは本ではありません。雑誌です。

メリー: それは何ですか？

ミ エ: これは世界地図です。

8과 본문 (p. 177)

ミ ン ス: 今、勉強していますか？

ジョーダン: いいえ、勉強していません。

ミ ン ス: それじゃあ、何をしているのですか？

ジョーダン: 音楽を聞いています。

ミ ン ス: どんな音楽が好きですか？

ジョーダン: クラシックが好きです。

3과 본문 (p. 50)

敏秀：你好？

爱博：你好？

敏秀：你叫什么名字？

爱博：我叫爱博。

敏秀：你是从哪儿来的？

爱博：我从中国来的。

4과 본문 (p. 81)

美爱：你觉得学韩语有意思吗？

乔丹：有，我觉得学韩语有意思。

美爱：你去哪儿？

乔丹：去学校。

美爱：再见。

乔丹：再见。

5과 본문 (p. 104)

玛丽：图书馆在哪儿？

美爱：在1楼。

玛丽：电脑室也有吗？

美爱：有，电脑室在5楼。

美爱：邮局也有吗？

美爱：不，没有邮局。

6과 본문 (p. 133)

敏秀：在哪儿学韩语？

乔丹：在鲜文大学学韩语。

敏秀：在教室里做作业吗？

乔丹：不是，在图书馆做作业。

敏秀：住在哪儿？

乔丹：在宿舍住。

7과 본문 (p. 157)

玛丽：这是什么？

美爱：那是报纸。

玛丽：那是书吗？

美爱：不是，那不是书，是杂志。

玛丽：那是什么？

美爱：这是世界地图。

8과 본문 (p. 177)

敏秀：现在学习呢？

乔丹：不，不在学习。

敏秀：那你在干什么呢？

乔丹：在听音乐呢。

敏秀：喜欢什么样的音乐？

乔丹：喜欢古典音乐。

1과

[1] 모음

母音　音価　似ている音　書き方

[2] 자음

子音　音価　似ている音　書き方

2과

[1] 단받침(単終声)

単語例

[4] 겹받침(重終声)

単語例

[5] 대표음 代表音

3과

1. [명]입니다 : '-이다'の格式体 [-です]

2. [명]입니까? : '-입니다'の疑問形 [-ですか?]

3. [명]에서 왔습니다 : 場所、出発点 [-から来ました]

4과

1. [동], [형]ㅂ니다/습니다 : '-아요/어요/여요'の格式体 [-ます]

　1) [동], [형]ㅂ니다 : 動詞や形容詞が母音もしくは'ㄹ'で終わる時

　2) [동], [형]습니다 : 動詞や形容詞が子音で終わる時

2. [동], [형]ㅂ니까/습니까? : '-ㅂ니다/습니다'の疑問形 [-ますか?]

　1) [동], [형]ㅂ니까? : 動詞や形容詞が母音もしくは'ㄹ'で終わる時

　2) [동], [형]습니까? : 動詞や形容詞が子音で終わる時

5과

1. [명]에 있습니다 : ある場所に存在するという意味 [-にいます、-にあります]

2. [명]에 없습니다 : '있습니다'の否定形 [-にいません、-にありません]

3. [명]이/[명]가 : 主格助詞 [-が]

 1) [명]가 : 名詞が母音で終わる場合

 2) [명]이 : 名詞が子音で終わる場合

※ [명]께서 계십니다 : '-이/가 있습니다'の尊敬語

4. [명]도 : ある事物に他の事物が加わる時 [-も]

5. [명]은/[명]는 : 主体を表わす助詞で対照・強調の意味がある [-は]

 1) [명]는 : 名詞が母音で終わる場合

 2) [명]은 : 名詞が子音で終わる場合

6과

1. [명]을/[명]를 : 名詞に付いて、目的を表わす格助詞 [-を]

 1) [명]를 : 名詞が母音で終わる場合

 2) [명]을 : 名詞が子音で終わる場合

2. [명]에서 [명]을/를 [동], [형]ㅂ니다/습니다 : [-で-をします]

3. 'ㄹ' 불규칙 : 'ㄹ'不規則

 語幹が'ㄹ' 받침で終わる時、ㄴ，ㅂ，ㅅで始まる語尾が続く場合には'ㄹ'が脱落する。

4. 어디 : どこ　　　여기: ここ　　　거기: そこ　　　저기: あそこ

7과

1. [명]예요/[명]이에요 : '-입니다'の非格式体
 1) [명]예요 : 名詞が母音で終わる時
 2) [명]이에요 : 名詞が子音で終わる時
2. [명]이 아니에요/[명]가 아니에요 : '-예요/이에요'の否定形 [-ではない]
 1) [명]가 아니에요 : 名詞が母音で終わる場合
 2) [명]이 아니에요 : 名詞が子音で終わる場合

3. 무엇 : 何   이것 : これ   그것 : それ   저것 : あれ
4. 대명사 + 조사 → 축약형
   代名詞 + 助詞 → 縮約形

8과

1. [동], [형]아요/어요/여요 : '[동], [형]ㅂ니다/습니다'の非格式体
 1) [동], [형]아요 : 動詞や形容詞の語幹が'ㅏ'か'ㅗ'で終わる場合
 2) [동], [형]어요 : 動詞や形容詞の語幹がその他の母音で終わる場合
 3) [동], [형]여요 : 動詞や形容詞の語幹が'하'で終わる場合
2. [동], [형]지 않아요 : '[동], [형]아요/어요/여요'の否定形
   = [명] 안 [동], [형]아요/어요/여요
3. 'ㄷ' 불규칙 동사 : 'ㄷ'不規則動詞
   "ㄷ" 받침と母音が結合する時、'ㄷ'は'ㄹ'に変化する。

3과

1. [名词]입니다 : '-이다'的格式体。 [是]
2. [名词]입니까? : '-입니다'的疑问体。
3. [名词]에서 왔습니다 : 是从…来的。
   [名词]에서 : 地点，出发点。[来自，从]

4과

1. [动词], [形容词]ㅂ니다/습니다 : 是敬语的结尾词。'-아(어/여)요'的格式体。
   1) [动词], [形容词]ㅂ니다 : 接在以元音或"ㄹ"结尾的助词或形容词之后。
   2) [动词], [形容词]습니다 : 接在以收音结尾的助词或形容词之后。
2. [动词], [形容词]ㅂ니까?/습니까? : '-ㅂ니다/습니다'的疑问体。
   1) [动词], [形容词]ㅂ니까? : 接在以元音或"ㄹ"结尾的助词或形容词之后
   2) [动词], [形容词]습니까? : 接在以收音结尾的助词或形容词之后。

5과

1. [名词]에 있습니다 : 表示存在的动词。[在，有]
2. [名词]에 없습니다 : "있습니다"的否定形式。[不在，没有]
3. [名词]이/[명]가 : 用在名词后面，表示那名词是主语。
   1) [名词]이 : 名词的结尾词有收音时用。
   2) [名词]가 : 名词的结尾词无收音时用。
4. [名词]도 : 用在人与物的名词后面，动词的重复使用时，用在第二个主语后面。
   [也]

196

5. [名词]은/[名词]는：用在名词后面，表示那名词是主语，特别强调主语。

  1) [名词]은：名词的结尾词有收音时用。

  2) [名词]는：名词的结尾词无收音时用。

6과

1. [名词]을/[名词]를：总是在名词的后面用，表示这名词是文章的宾语。

  1) [名词]을：名词有收音时用。

  2) [名词]를：名词无收音时用。

2. [名词]에서 [名词]을/를 [动词],[形容词]ㅂ니다/습니다:

3. 'ㄹ'불규칙：“ㄹ” 不规则。

  “ㄹ”当以收音“ㄹ”结尾的词干后面接以ㄴ，ㅂ，ㅅ开头的单词时，“ㄹ”要省略。

4. 어디：哪里，是指地点。（地点的疑问词）

  여기：这里

  거기：那里

  저기：那里

7과

1. [名词]예요/[名词]이에요：用于名词为结尾的文章。

  1) [名词]예요：接缀在以元音结尾的名词之后。

  2) [名词]이에요：接缀在以收音结尾的名词之后。

2. [名词]이 아니에요/[名词]가 아니에요：“[名词]예요/[名词]이에요”的否定形式。

  1) [名词]이 아니에요：接缀在以元音结尾的名词之后。

  2) [名词]가 아니에요：接缀在以收音结尾的名词之后。

3. 무엇: 什么

  이것: 这个

그것: 那个

저것: 那个

8과

1. [动词],[形容词]아/어/여요: 终结词尾。 [动词],[形容词]ㅂ니다/습니다
   的非各 式体。
   1) [动词],[形容词]아요: 接在以"ㅏ,ㅗ"结尾的词后。
   2) [动词],[形容词]어요: 接在以"ㅓ,ㅜ,ㅡ,ㅣ"结尾的词后。
   3) [动词],[形容词]여요: 接在以"하"结尾的词后。
2. [动词],[形容词]지 않아요:[动词],[形容词]아요/어요/여요的否定形式。[不]=
   [名词]안[动词],[形容词]아요/어요/여요
3. ['ㄷ'动词的變化规则。以'ㄷ'收尾的动词之中'걷다, 싣다, 묻다, 듣다, 깨닫다…'
   等要將'ㄷ'变为'ㄹ'。]

3과 안녕하십니까?

듣고 말하기   38

1. 아이보입니다.

2. 예, 중국에서 왔습니다.

활용연습   40

1. 1) ㄷ, 2) ㅅ, 3) ㅂ, 4) ㄴ, 5) ㄹ, 6) ㄱ,
    7) ㅇ, 8) ㅁ

2. 1) 가수입니다.
    2) 운동선수입니다.
    3) 경찰(관)입니다.
    4) 의사입니다.
    5) 화가입니다.

활용연습 2   44

1. 1) 안경입니까? 예, 안경입니다.
    2) 모자입니까? 예, 모자입니다.
    3) 꽃입니까? 예, 꽃입니다.
    4) 돈입니까? 예, 돈입니다.
    5) 구두입니까? 예, 구두입니다.

2. 1) 구두입니까? 아니요, 운동화입니다.
    2) 모자입니까? 아니요, 양말입니다.

    3) 문입니까? 아니요, 창문입니다.
    4) 우유입니까? 아니요, 커피입니다.
    5) 공책입니까? 아니요, 사전입니다.

활용연습 3   48

1. 1) 가 : 중국에서 왔습니까?
      나 : 예, 중국에서 왔습니다.
      가 : 중국 사람입니까?
      나 : 예, 중국 사람입니다.
   2) 가 : 일본에서 왔습니까?
      나 : 예, 일본에서 왔습니다.
      가 : 일본 사람입니까?
      나 : 예, 일본 사람입니다.
   3) 가 : 스위스에서 왔습니까?
      나 : 예, 스위스에서 왔습니다.
      가 : 스위스 사람입니까?
      나 : 예, 스위스 사람입니다.
   4) 가 : 필리핀에서 왔습니까?
      나 : 예, 필리핀에서 왔습니다.
      가 : 필리핀 사람입니까?
      나 : 예, 필리핀 사람입니다.
   5) 가 : 캐나다에서 왔습니까?
      나 : 예, 캐나다에서 왔습니다.
      가 : 캐나다 사람입니까?
      나 : 예, 캐나다 사람입니다.

6) 가 : 한국에서 왔습니까?

　　나 : 예, 한국에서 왔습니다.

　　가 : 한국 사람입니까?

　　나 : 예, 한국 사람입니다.

본문　　　　　　　　　　　　50

1. 예, 인사합니다.

2. 중국에서 왔습니다.

듣고 쓰기　　　　　　　　52

1. 무엇입니까?

2. 중국에서

과제활동　　　　　　　　53

1) 음악가입니까? 예, 음악가입니다.

　러시아 사람입니까? 아니요, 독일 사람

　입니다.

2) 대통령입니까? 예, 대통령입니다.

　중국 사람입니까?

　아니요, 미국 사람입니다.

3) 가수입니까? 예, 가수입니다.

　한국 사람입니까?

　아니요, 영국 사람입니다.

4) 영화배우입니까? 예, 영화배우입니다.

　일본 사람입니까?

　아니요, 중국 사람입니다.

5) 화가입니까? 예, 화가입니다.

　미국 사람입니까?

　아니요, 스페인 사람입니다.

6) 야구 선수입니까? 예, 야구 선수입니다.

　몽골 사람입니까?

　아니요, 일본 사람입니다.

7) 골프 선수입니까? 예, 골프 선수입니다.

　프랑스 사람입니까?

　아니요, 미국 사람입니다.

8) 왕입니까? 예, 왕입니다.

　필리핀 사람입니까?

　아니요, 몽골 사람입니다.

9) 피겨스케이팅 선수입니까? 예, 피겨스

　케이팅선수입니다.

　중국사람입니까?

　아니요, 한국 사람입니다.

10) 수영선수입니까? 예, 수영선수입니다.

　스위스 사람입니까?

　아니요, 미국 사람입니다.

4과 한국말 공부가 재미있습니다. 回回回回回

듣고 말하기　　　　　　　59

1. 예, 한국말 공부가 재미있습니다.

2. 예, 학교 갑니다.

활용연습 1　　　　　　　61

1.

동사	(동사) -ㅂ니다/-습니다
먹다	먹습니다
자다	잡니다
만나다	만납니다
읽다	읽습니다
청소하다	청소합니다

전화하다	전화합니다
듣다	듣습니다
공부하다	공부합니다
보다	봅니다
마시다	마십니다
춤추다	춤춥니다
입다	입습니다
노래하다	노래합니다
웃다	웃습니다
인사하다	인사합니다
사다	삽니다
이야기하다	이야기합니다
기다리다	기다립니다
신다	신습니다
닫다	닫습니다
일어나다	일어납니다
기도하다	기도합니다
목욕하다	목욕합니다
쓰다	씁니다
슬프다	슬픕니다
기쁘다	기쁩니다
덥다	덥습니다
춥다	춥습니다
예쁘다	예쁩니다
아프다	아픕니다
바쁘다	바쁩니다
맵다	맵습니다
어렵다	어렵습니다
쉽다	쉽습니다

2.

62

형용사	(형용사) - ㅂ니다/-습니다
싸다	쌉니다
비싸다	비쌉니다
재미있다	재미있습니다
재미없다	재미없습니다
맛있다	맛있습니다
맛없다	맛없습니다
깨끗하다	깨끗합니다
더럽다	더럽습니다

활용연습 2

64

1.

동사	(동사) -ㅂ니까?/-습니까?
먹다	먹습니까?
자다	잡니까?
만나다	만납니까?
읽다	읽습니까?
청소하다	청소합니까?
전화하다	전화합니까?
듣다	듣습니까?
공부하다	공부합니까?
보다	봅니까?
마시다	마십니까?
춤추다	춤춥니까?
입다	입습니까?
노래하다	노래합니까?
웃다	웃습니까?
인사하다	인사합니까?
사다	삽니까?

이야기하다	이야기합니까?
기다리다	기다립니까?
신다	신습니까?
닫다	닫습니까?
일어나다	일어납니까?
기도하다	기도합니까?
목욕하다	목욕합니까?
쓰다	씁니까?

2.   65

형용사	(형용사) -ㅂ니까?/-습니까?
싸다	쌉니까?
비싸다	비쌉니까?
재미없다	재미없습니까?
맛있다	맛있습니까?
맛없다	맛없습니까?
깨끗하다	깨끗합니까?
더럽다	더럽습니까?
슬프다	슬픕니까?
기쁘다	기쁩니까?
덥다	덥습니까?
춥다	춥습니까?
예쁘다	예쁩니까?
아프다	아픕니까?
바쁘다	바쁩니까?
맵다	맵습니까?
어렵다	어렵습니까?
쉽다	쉽습니까?

2. 1) 마십니다.   66

2) 읽습니까?

3) 기쁩니다.

4) 쌉니까?

5) 공부합니다.

6) 어렵습니까?

7) 운동합니다.

8) 먹습니까?

9) 좋습니다.

10) 읽습니까?

11) 춥습니다.

12) 기다립니다.

13) 재미없습니까?

14) 듣습니다.

15) 전화합니까?

16) 기쁩니다.

3. 1) 먹습니까? 예, 먹습니다.   68

2) 잡니까? 예, 잡니다.

3) 만납니까? 예, 만납니다.

4) 읽습니까? 예, 읽습니다.

5) 청소합니까? 예, 청소합니다.

6) 전화합니까? 예, 전화합니다.

7) 듣습니까? 예, 듣습니다.

8) 공부합니까? 예, 공부합니다.

9) 봅니까? 예, 봅니다.

10) 마십니까? 예, 마십니다.

11) 춤춥니까? 예, 춤춥니다.

12) 입습니까? 예, 입습니다.

4. 1) 전화합니까? 아니요, 노래합니다. 70

2) 마십니까? 아니요, 웃습니다.

3) 먹습니까? 아니요, 인사합니다.

4) 입습니까? 아니요, 삽니다.

5) 노래합니까? 아니요, 이야기합니다.

6) 갑니까? 아니요, 기다립니다.

7) 봅니까? 아니요, 신습니다.

8) 청소합니까? 아니요, 닫습니다.

9) 공부합니까? 아니요, 일어납니다.

10) 요리합니까? 아니요, 기도합니다.

11) 만납니까? 아니요, 목욕합니다.

12) 잡니까? 아니요, 씁니다.

5. 1) 작습니다.   72

  2) 맛있습니다.

  3) 맛없습니다.

  4) 재미있습니다.

  5) 재미없습니다.

  6) 비쌉니다.

  7) 쌉니다.

  8) 깨끗합니다.

  9) 더럽습니다.

10) 슬픕니다.

11) 기쁩니다.

12) 덥습니다.

13) 춥습니다.

14) 예쁩니다.

15) 아픕니다.

16) 바쁩니다.

17) 맵습니다.

18) 어렵습니다.

19) 쉽습니다.

20) 많습니다.

활용 연습 3   78

1. 1) 가

  2) 이

  3) 가

  4) 이

  5) 이

  6) 가

  7) 가

  8) 이

  9) 이

10) 가

2. 1) 친구가 노래합니다.   79

  2) 꽃이 예쁩니다.

  3) 지하철이 빠릅니다.

  4) 동생이 기다립니다.

  5) 김치가 맵습니다.

  6) 옷이 비쌉니다.

  7) 비가 옵니다.

  8) 친구가 좋습니다.

  9) 운동장이 넓습니다.

10) 공부가 재미있습니다.

3. 1) 친구가 전화합니까?   80

  2) 예, 음식이 맛있습니다.

  3) 버스가 옵니까?

  4) 예, 숙제가 많습니다.

5) 교실이 깨끗합니까?

본문 81

1. 한국말 공부가 재미있습니다.
2. 아니요, 한국말 공부합니다.
3. 학교 갑니다.

듣고 쓰기 83

1. 재미있습니까?
2. 학교
3. 안녕히

과제활동 84

1. 1) 안녕히 주무세요.
   2) 안녕히 주무셨습니까?
   3) 고맙습니다./감사합니다.
   4) 축하합니다.
   5) 다녀오겠습니다.
   6) 다녀왔습니다.
   7) 미안합니다.
   8) 괜찮습니다.
   9) 안녕히 가세요./또 만나요.
   10) 안녕히 계세요.

3. 1) 커피가 맛있습니다. 89
   2) 학교가 큽니다.
   3) 축구가 재미있습니다.
   4) 공부가 어렵습니다.
   5) 비가 옵니다.
   6) 꽃이 예쁩니다.

7) 구두가 비쌉니다.
8) 아이스크림이 맛있습니다.
9) 누나가 컴퓨터합니다.
10) 형이 웃습니다.

5과 도서관은 1층에 있습니다

듣고 말하기 90

1. 예, 컴퓨터실이 있습니다.
2. 아니요, 없습니다.

문법과 표현 2 93

2) 침대가 방에 있습니다.
3) 전화가 방에 있습니다.
4) 냉장고가 방에 없습니다.
5) 창문이 방에 있습니다.
6) 책이 방에 있습니다.
7) 옷장이 방에 있습니다.
8) 벽시계가 방에 없습니다.
9) 우산이 방에 없습니다.
10) 구두가 방에 없습니다.

활용연습 2 96

1) 연필이 필통 안에 있습니다.
2) 가방이 의자 밑에 있습니다.
3) 칠판이 선생님 뒤에 있습니다.
4) 컵이 식탁 위에 있습니다.
5) 열쇠가 주머니 안에 있습니다.

6) 에어컨이 창문 옆에 있습니다.

7) 지도가 친구 앞에 있습니다.

8) 바지가 옷장 속에 있습니다.

9) 볼펜이 공책 옆에 있습니다.

10) 돈이 지갑 속에 있습니다.

활용연습 4　　101

1) 가, 도, 는

2) 이, 도, 는

3) 책이,

4) 지우개가,

5) 냉장고, 우유

6) 얼굴, 코

7) 나무가, 꽃도

8) 가족이, 친구도

9) 가게

10) 옷이, 구두도

11) 도서관

12) 열쇠가, 손수건

13) 형이, 누나

14) 침대가, 책상

15) 배가, 물고기

2. 유리입니다. 일본사람입니다. 저는 학생입니다. 지금 한국에 있습니다. 가족은 모두 일본 도쿄에 있습니다. 우리가족은 할아버지, 할머니, 아버지, 어머니, 동생이 있습니다.
학교 이름은 한국대학교입니다. 기숙사가 아산 캠퍼스와 천안 캠퍼스에 있습니다. 저는 천안 캠퍼스에 있습니다. 학생들이 아주 많이 있습니다. 방친구는 중국 사람입니다. 친구 이름은 호우 쓰시우입니다.

본문　　104

1. 예, 도서관이 1층에 있습니다.

2. 아니요, 컴퓨터실은 5층에 있습니다.

3. 아니요, 우체국은 없습니다.

듣고 쓰기　　106

1. 도서관이

2. 있습니까?

3. 우체국도

과제활동　　107

1. 1) 옆(왼쪽)

2) 위

3) 위

4) 안(속)

5) 아래

6) 옆(왼쪽)

7) 사이(가운데)

8) 앞

4. 1) 예, 있습니다. 6층에 있습니다.

2) 예, 있습니다. 8층에 있습니다.

3) 아니요, 없습니다.

4) 아니요, 없습니다.

5) 5층에 있습니다.

6) 4층에 있습니다.

7) 2층에 있습니다.

8) 아니요, 없습니다.

9) 예, 있습니다. 1층에 있습니다.

10) 예, 있습니다.

6. 1) 수박이 있습니다.

2) 계란이(달걀이) 있습니다.

3) 우유가 있습니다.

4) 파가 있습니다.

5) 고기가 있습니다.

6과 어디서 한국말을 배웁니까?

듣고 말하기 117

1. 예, 한국말을 배웁니다.

2. 아니요, 도서관에서 숙제를 합니다.

활용연습 1 120

1. 1) 밥을 먹습니까? 예, 밥을 먹습니다.

2) 잠을 잡니까? 예, 잠을 잡니다.

3) 친구를 만납니까? 예, 친구를 만납니다.

4) 책을 읽습니까? 예, 책을 읽습니다.

5) 청소를 합니까? 예, 청소를 합니다.

6) 전화를 합니까? 예, 전화를 합니다.

7) 물건을 삽니까? 예, 물건을 삽니다.

8) 이야기를 합니까? 예, 이야기를 합니다.

9) 친구를 기다립니까? 예, 친구를 기
다립니다.

10) 옷을 입습니까? 예, 옷을 입습니다.

2. 1) 공부를 합니다.

2) 창문을 닫습니다.

3) 텔레비전을 봅니다.

4) 차를 마십니다.

5) 춤을 춥니다.

3. 1) 를

2) 이, 도

3) 는

4) 은[이]

5) 가

6) 을

7) 가[는]

8) 을, 도

9) 께서

10) 께서, 을

11) 이[은], 을

12) 가[는], 를

13) 이

14) 가[는]

15) 께서, 를

활용연습 2 125

1. 1) 도서관

2) 바다

3) 목욕탕

4) 시장

5) 부엌

6) 병원

7) 운동장

8) 식당

9) 공항

10) 우체국

11) 교회

12) 집

2. 1) 바다에서 낚시를 합니다.

2) 도서관에서 잡지를 빌립니다.

3) 커피숍에서 커피를 마십니다.

4) 서점에서 책을 삽니다.

5) 은행에서 돈을 바꿉니다.

6) 백화점에서 선물을 삽니다.

7) 시내에서 친구를 만납니다.

활용연습 3   128

1.

	-ㅂ니다
열다	엽니다
놀다	놉니다
팔다	팝니다
멀다	멉니다
걸다	겁니다
풀다	풉니다
길다	깁니다
들다	듭니다
살다	삽니다
힘들다	힘듭니다

1) 놉니다.

2) 팝니다.

3) 멉니다.

4) 겁니다.

5) 풉니다.

6) 깁니다.

7) 듭니다.

8) 삽니다.

9) 힘듭니다.

2. 1) 딸기가 답니다.

2) 우체국이 멉니다.

3) 아르바이트가 힘듭니다.

4) 새가 납니다.

5) 아기가 웁니다.

6) 문을 엽니다.

7) 서울에서 삽니다.

8) 김밥을 만듭니다.

9) 러시아어를 압니다.

10) 전화를 겁니다.

11) 고향이 멉니다.

12) 운동장에서 놉니다.

13) 창문을 엽니다.

14) 기숙사에서 삽니다.

본문   133

1. 조던은 한국말을 배웁니다.

2. 조던은 기숙사에서 숙제를 합니다.

3. 예, 조던은 기숙사에서 삽니다.

듣고 쓰기   135

1. 한국말을
2. 교실에서
3. 기숙사에서

과제활동   137

2. 1) 기숙사에서 공부를 합니다.
    기숙사에서 전화를 합니다
    기숙사에서 이야기를 합니다.
    기숙사에서 과자를 먹습니다.
  2) 찜질방에서 사우나를 합니다.
    찜질방에서 잠을 잡니다.
    찜질방에서 계란을 먹습니다.
    찜질방에서 노래를 합니다.
  3) 공항에서 비행기를 탑니다.
    공항에서 친구를 만납니다.
    공항에서 밥을 먹습니다.
    공항에서 쇼핑을 합니다.

3. 수잔입니다.
  저는 미국에서 왔습니다.
  친구가 많습니다.
  한국어 공부가 재미있습니다.
  한국 음식을 좋아합니다.
  김치가 맛있습니다.
  불고기도 아주 맛있습니다.
  한국 생활이 정말 즐겁습니다.

5. 1) 바   2) 타   3) 아   4) 가   5) 라   139
  6) 마   7) 하   8) 다   9) 나   10) 차

11) 파   12) 사   13) 자   14) 카

7. 가) 잠을 잡니다.   141
  나) 신문을 읽습니다.
  다) 춤을 춥니다.
  라) 노래를 합니다.
  마) 전화를 합니다.
  바) 텔레비전을 봅니다.
  사) 사진을 찍습니다.
  아) 시계를 봅니다.
  자) 음악을 듣습니다.
  차) 그림을 그립니다.
  카) 사과를 먹습니다.
  타) 바나나를 먹습니다.
  파) 커피를 마십니다.
  하) 이야기를 합니다.

8. 우산을 씁니다.   142
  안경을 씁니다.
  넥타이를 맵니다.
  허리띠를 맵니다.
  가방을 듭니다.
  바지를 입습니다.
  구두를 신습니다.
  모자를 씁니다.
  귀걸이를 합니다.
  목걸이를 합니다.
  반지를 낍니다.
  시계를 찹니다.
  가방을 멥니다.

치마를 입습니다.
양말을 신습니다.
운동화를 신습니다.

7과 **저건 책이 아니에요.** 리리리리리리리

듣고 말하기   143

1. 예, 신문이에요.
2. 예, 잡지예요.

활용연습 1   145

1.

	[명]입니다	[명]예요	[명]이에요
교과서	교과서입니다	교과서예요	
연필	연필입니다		연필이에요
컴퓨터	컴퓨터입니다	컴퓨터예요	
안경	안경입니다		안경이에요
누나	누나입니다	누나예요	
친구	친구입니다	친구예요	
선생님	선생님입니다		선생님이에요
시장	시장입니다		시장이에요
가게	가게입니다	가게예요	
운동장	운동장입니다		운동장이에요
전화	전화입니다	전화예요	
과자	과자입니다	과자예요	
수박	수박입니다		수박이에요
사진	사진입니다		사진이에요
구두	구두입니다	구두예요	
치약	치약입니다		치약이에요

| 꽃 | 꽃입니다 | 꽃이에요 |

2. 1) (스즈키 리에)예요.   146
  2) 피아니스트예요.
  3) 러시아 사람이에요.
  4) 백화점이에요.
  5) 뭐예요?
  6) 누구예요?
  7) 셔틀버스예요?
  8) 한국 음식이에요?
  9) 예, 형이에요.
  10) 도서관이에요?

활용연습 2   150

1. 1) 산이 아니에요.
  2) 바다가 아니에요.
  3) 숙제가 아니에요.
  4) 언니가 아니에요.
  5) 전화카드가 아니에요.
  6) 도서관이 아니에요.
  7) 지하철이 아니에요.
  8) 생일이 아니에요.
  9) 한복이 아니에요.
  10) 여권이 아니에요.

2. 1) 언니가 아니에요. 친구예요.   151
  2) 편지가 아니에요. 카드예요.
  3) 백화점이 아니에요. 슈퍼예요.
  4) 휴대전화가 아니에요. 카메라예요.
  5) 극장이 아니에요. 우체국이에요.

209

3. 1) 아니요, 배가 아니에요. 비행기예요. 152

   2) 아니요, 의사가 아니에요. 가수예요.

   3) 아니요, 은행이 아니에요. 식당이에요.

   4) 아니요, 할머니가 아니에요.

     할아버지예요.

   5) 아니요, 케이크가 아니에요.

     아이스크림이에요.

활용연습 3 156

1. 1) 뭐가

   2) 이게, 그게, 저게, 이건, 그건, 저건

   3) 누가, 뭐가

   4) 뭘, 누가, 어디서

   5) 누가

   6) 여기서, 어디서, 누가, 뭘

   7) 누가, 어디서, 여기서, 저기서

   8) 이건, 그건, 저건, 이게, 그게, 저게

   9) 이건, 그건, 저건, 이게, 그게, 저게

   10) 누가

   11) 어디서, 여기서, 저기서

   12) 뭘, 누굴, 이걸, 그걸, 저걸

본문 157

1. 그것은 신문입니다.

2. 아니요, 저것은 잡지입니다.

3. 그것은 세계 지도입니다.

듣고 쓰기 159

1. 이건

2. 책이 아니에요.

3. 세계 지도예요.

과제활동 161

2-1.

   2) 손가락이에요? 예, 손가락이에요.

   3) 손목이에요? 예, 손목이에요.

   4) 허리예요? 예, 허리예요.

   5) 배예요? 예, 배예요.

   6) 무릎이에요? 예, 무릎이에요.

   7) 부츠예요? 예, 부츠예요.

   8) 다리예요? 예, 다리예요.

   9) 엉덩이예요? 예, 엉덩이예요.

   10) 손이에요? 예, 손이에요.

   11) 목이에요? 예, 목이에요.

   12) 입이에요? 예, 입이에요.

   13) 눈이에요? 예, 눈이에요.

   14) 머리예요? 예, 머리예요.

2-2. 162

2) 머리예요?

   아니요, 머리가 아니에요. 얼굴이에요.

3) 가슴이에요?

   아니요, 가슴이 아니에요. 배꼽이에요.

4) 머리띠예요?

   아니요, 머리띠가 아니에요. 허리띠예요.

5) 구두예요?

   아니요, 구두가 아니에요. 운동화예요.

6) 다리예요?

   아니요, 다리가 아니에요. 팔이에요.

7) 배예요?

아니요, 배가 아니에요. 가슴이에요.

8) 코예요?

　아니요, 코가 아니에요. 이예요.

　9) 눈이에요?

　　아니요, 눈이 아니에요. 귀예요.

10) 입술이에요?

　　아니요, 입술이 아니에요. 눈썹이에요.

11) 안경이에요?

　　아니요, 안경이 아니에요. 모자예요.

4) 허리띠

5) 운동화

6) 팔

7) 가슴

8) 이

9) 귀

10) 눈썹

11) 모자

3-1.　　　　　　　　　　　　　　163

1) 안경

2) 손가락

3) 손목

4) 배

5) 허리

6) 무릎

7) 구두

8) 다리

9) 엉덩이

10) 손

11) 목

12) 입

13) 눈

14) 머리

3-2.　　　　　　　　　　　　　　164

1) 코

2) 얼굴

3) 배꼽

8과 **음악을 들어요**

듣고 말하기　　　　　　　　　　165

1. 음악을 듣습니다.

2. 클래식을 좋아합니다.

활용연습 1　　　　　　　　　　168

1.

	[동],[형]ㅂ니다/습니다	[동],[형]아요/어요/여요
사다	삽니다	사요
만나다	만납니다	만나요
앉다	앉습니다	앉아요
오다	옵니다	와요
재미있다	재미있습니다	재미있어요
놀다	놉니다	놀아요
입다	입습니다	입어요
만들다	만듭니다	만들어요
읽다	읽습니다	읽어요
기다리다	기다립니다	기다려요
쉬다	쉽니다	쉬어요

넓다	넓습니다	넓어요
노래하다	노래합니다	노래해요
싸다	쌉니다	싸요
좋다	좋습니다	좋아요
크다	큽니다	커요
아프다	아픕니다	아파요
바쁘다	바쁩니다	바빠요
많다	많습니다	많아요

2. 1) 그림을 그려요? 예, 그림을 그려요. 169
   2) 수영을 해요? 예, 수영을 해요.
   3) 버스를 기다려요? 예, 버스를 기다려요.
   4) 친구를 만나요 예, 친구를 만나요.
   5) 텔레비전을 봐요? 예, 텔레비전을 봐요.
   6) 옷을 입어요? 예, 옷을 입어요.
   7) 편지를 써요? 예, 편지를 써요.
   8) 창문을 닫아요? 예, 창문을 닫아요.
   9) 이야기를 해요? 예, 이야기를 해요.
   10) 잠을 자요? 예, 잠을 자요.

활용연습 2　　　　　　　　　173

1.

[동],[형]	[동],[형]지 않아요
친구를 만나다	친구를 만나지 않아요
옷이 비싸다	옷이 비싸지 않아요
비가 오다	비가 오지 않아요
키가 크다	키가 크지 않아요
카드를 만들다	카드를 만들지 않아요
손이 깨끗하다	손이 깨끗하지 않아요
의자에 앉다	의자에 앉지 않아요
구두가 작다	구두가 작지 않아요

과자를 사다	과자를 사지 않아요
빵을 좋아한다	빵을 좋아하지 않아요
전화를 하다	전화를 하지 않아요
그림을 그리다	그림을 그리지 않아요
사람이 많다	사람이 많지 않아요

2. 1) 공부를 해요? 아니요, 공부를 하지 않아요.
   그럼 뭘 해요? 춤을 춰요.
   2) 전화를 해요? 아니요, 전화를 하지 않아요.
   그럼 뭘 해요? 사진을 찍어요.
   3) 버스를 타요? 아니요, 버스를 타지 않아요.
   그럼 뭘 해요? 자전거를 타요.
   4) 요리를 해요? 아니요, 요리를 하지 않아요.
   그럼 뭘 해요? 청소를 해요.
   5) 책을 읽어요? 아니요, 책을 읽지 않아요.
   그럼 뭘 해요? 편지를 써요.

활용연습 3　　　　　　　　　176

1. 표에 쓰십시오.

ㄷ → ㄹ	[동],[형]ㅂ니다/습니다	[동],[형]아요/어요/여요
듣다	듣습니다	들어요
묻다	묻습니다	물어요
싣다	싣습니다	실어요
걷다	걷습니다	걸어요
ㄷ → ㄷ		
닫다	닫습니다	닫아요
받다	받습니다	받아요
믿다	믿습니다	믿어요

1) 물어요.

2) 싫어요.

3) 걸어요.

4) 닫아요.

5) 받아요.

6) 믿어요.

본문 177

1. 아니요, 공부하지 않습니다.

2. 조던이 음악을 듣습니다.

3. 조던이 클래식을 좋아합니다.

듣고 쓰기 179

1. 공부하지 않아요.

2. 음악을

3. 좋아해요?

과제활동 182

2. 이름은 스즈키 리에예요.

   지금 선문대학교에서 한국어를 배워요.

   한국어 공부가 재미있어요.

   저는 학교 기숙사에서 살아요.

   방 친구가 아주 좋아요.

   아직 한국 친구가 없어요.

   저는 운동을 잘해요.

   테니스를 잘 쳐요.

   배구도 좋아해요.

   저는 키가 크지 않아요.

   머리가 길어요.

   영화를 아주 좋아해요.

   한국 드라마도 좋아해요.

드라마가 아주 재미있어요.

3. 1) 예, 눈이 와요. 아니요, 눈이 오지 않아요.

   2) 예, 숙제가 많아요.

      아니요, 숙제가 많지 않아요.

   3) 예, 머리가 길어요.

      아니요, 머리가 길지 않아요.

   4) 예, 키가 커요. 아니요, 키가 크지 않아요.

   5) 예, 날씨가 좋아요.

      아니요, 날씨가 좋지 않아요.

   6) 예, 공포영화를 좋아해요.

      아니요, 공포영화를 좋아하지 않아요.

   7) 예, 백화점에서 옷을 사요.

      아니요, 백화점에서 옷을 사지 않아요.

   8) 예, 아르바이트를 해요.

      아니요, 아르바이트를 하지 않아요.

   9) 예, 매일 커피를 마셔요.

      아니요, 매일 커피를 마시지 않아요.

   10) 예, 자주 산책을 해요.

      아니요, 자주 산책을 하지 않아요.

   11) 예, 가끔 편지를 써요.

      아니요, 가끔 편지를 쓰지 않아요.

   12) 예, 기숙사에서 살아요.

      아니요, 기숙사에서 살지 않아요.

4. 1) 에서, 를 184

   2) 가(는), 을

   3) 에서, 가, 을

   4) 께서, 을, 도

   5) 는, 가

213

6) 에, 이

7) 는, 에서

8) 에서, 를

9) 에서, 을

10) 에, 가, 도

11) 은, 이

12) 께서, 에

5. 동사, 형용사의 반대말 공부　　185

1. 기쁘다 ↔ 슬프다

2. 멀다 ↔ 가깝다

3. 시끄럽다 ↔ 조용하다

4. 만나다 ↔ 헤어지다

5. 웃다 ↔ 울다

6. 사다 ↔ 팔다

7. 켜다 ↔ 끄다

8. 일하다 ↔ 쉬다

9. 많다 ↔ 적다

10. 어렵다 ↔ 쉽다

11. 크다 ↔ 작다

12. 입다 ↔ 벗다

13. 앉다 ↔ 일어서다

14. 열다 ↔ 닫다

15. 나오다 ↔ 들어가다

16. 같다 ↔ 다르다

17. 길다 ↔ 짧다

18. 배우다 ↔ 가르치다

19. 자다 ↔ 일어나다

20. 어둡다 ↔ 밝다

어휘목록

ㄱ	영어	일본어	중국어
가게	shop	店	商店, 铺子
가다	go	行く	去
가방	bag	かばん	提包
가사	lyrics	歌詞	歌词
가수	singer	歌手	歌手
가요	Korean pop song	歌謡	歌谣
가위	scissors	ハサミ	剪子
간	liver	肝	肝
간호사	nurse	看護士	护士
감	persimmon	柿	柿子
감기	cold	風邪	感冒
감자	potato	じゃがいも	土豆
강	river	川	奖
개	dog	犬	狗
개구리	frog	カエル	青蛙
거기	that place	そこ	那儿
거리	street	町中、距離	距离
거미	spider	蜘蛛	蜘蛛
건성	dryness	乾性	干性
걷다	walk	歩く	走路
걸다	call up	(電話などを)かける	打(电话)
게	crab	蟹	螃蟹
계시다	be, stay	いらっしゃる、居られる	在
고귀	noble, highly connected	高貴	珍贵, 高贵
고리	loop	輪	圈
고모	sister of one's father	父の姉妹、おば	姑母
고속버스	express bus	高速バス	高速巴士
고양이	cat	猫	猫
고추	hot pepper	唐辛子	辣椒
고향	hometown	故郷	故乡
골	anger	怒	恼怒
골고루	evenly, equally	もれなく、平均的に	平均
곰	bear	熊	熊
곳	place	所	地方
공	ball	球	球
공기	air	空気	空气

215

공부	study	勉強	学习
공책	notebook	ノート	笔记本
공포영화	horror movie	恐怖映画	恐怖片
공항	airport	空港	机场
곶감	dried persimmons	干柿	柿干
과일	fruits	果物	水果
과자	confectionary	菓子	饼干
교수	professor	教授	教授
교실	classroom	教室	教室
교회	church	教会	教会
구두	shoes	靴、口頭	皮鞋
국수	noodle	麺類の総称	面条
군인	soldier	軍人	军人
궤도	orbit	軌道	轨道
귀	ear	耳	耳朵
규소	silicon,Si	珪素	硅素
규수	maiden	閨秀	闺秀
그것	that	それ	那个
그림	picture	絵	画儿
극장	theater	映画館	电影院
근성	nature	根性	根性
글	writing	文、文章	文章
금	gold	金	金
금성	gold star	金星	金星
기다리다	wait	待つ	等
기우	unfounded fears	杞憂、奇遇、祈雨	杞人忧天
기차	train	汽車	火车
기타	guitar	ギター	其他, 吉他
길	road	道	路
길다	long	長い	长
김	laver	海苔	紫菜
김밥	rice rolled in dried laver	のり巻	紫菜包饭
김치	Kimchi	キムチ	泡菜
까맣다	deep-black	黒い	漆黑
깨끗하다	clean	清潔だ、きれいだ	清洁, 干净
꼬리	tail	しっぽ	尾巴
꽃	flower	花	花
꽃나무	flower plant	花の木	花木
꽃밭	flower garden	花畑	花圃
끝	end	終り、最後	终止

ㄴ	영어	일본어	중국어
나	I, myself	私	我
나라	nation	国	国家

216

나무	tree	木	树木
나비	butterfly	蝶	**蝴蝶**
나이	age	歳	岁数
나이프	knife	ナイフ	刀子
낚시	fishing	釣り	钓鱼
날씨	weather	天気	天气
남	others	他人、男	别人
남동생	younger brother	弟	弟弟
남자기숙사	men's dormitory	男子寄宿舎	男学生宿舍
낫	scythe	鎌	镰刀
냉면	cold noodles	冷麺	冷面
냉장고	refrigerator	冷蔵庫	冰箱
너무	too much	あまりにも、ひどく	太
넓다	wide	広い	广阔, 宽阔
네모	square	四角	四方形
노래	song	歌	歌
노래하다	sing a song	歌う	唱歌
놀다	play	遊ぶ	玩
농구	basketball	バスケットボール	篮球
높다	high	高い	高
뇌	brain	脳	大脑
누구	who	誰	谁
누나	elder sister	姉	姐
눈	snow	雪	雪
눈	eye	目	眼睛, 雪
늦게	late	遅く	晚

ㄷ	영어	일본어	중국어
다리	leg	足	腿
다리미	iron	アイロン	熨斗
닦다	wipe	磨く	擦拭
닫다	close	閉める	关
달	moon	月	月亮
달다	sweet	甘い	甜
더럽다	dirty	汚い	脏
덥다	hot	暑い	热
도끼	axe	斧	斧子
도로	road	道路	公路
도서관	library	図書館	图书馆
도자기	ceramic	陶磁器	陶瓷
돈	money	お金	钱
돌다	spin	回る	转
동물	animals	動物	动物
동생	younger brother/sister	弟、妹	弟弟, 妹妹

217

돼지	pig	豚	猪
두부	bean curd	豆腐	豆腐
드라마	drama	ドラマ	电视剧
듣다	hear, listen	聞く	听
들	field	野原	田野
들다	hold	持つ	拿, 提
딸	daughter	娘	女儿
딸기	strawberry	イチゴ	草莓
땀	sweat	汗	汗
땅	earth	地面、土地	大地
떡	rice cake	餅	糕
또	again	また	再, 又

ㄹ	영어	일본어	중국어
라디오	radio	ラジオ	录音机
라면	instant noodle	ラーメン	方便面
라이터	lighter	ライター	打火机
러시아	Russia	ロシア	俄罗斯

ㅁ	영어	일본어	중국어
마리	the number of animals	～匹、～頭	只(量词)
마시다	drink	飲む	喝
마음	mind	心、気持ち	心
만(10,000)	ten thousand	万	万
만들다	make	作る	做, 制作
많다	many	多い	多
맏형	one's elder brother	長兄	长兄
말	horse	馬	马, 话
맘(마음)	mind/heart	心、気持ち	心
맛없다	tasteless	不味い	不好吃, 没味儿
맛있다	delicious	美味しい	好吃
망(그물)	net	網	网
매일	everyday	毎日	每天
매점	booth, stand	売店	售货店
맵다	hot, spicy	辛い	辣
머리	hair/head	髪、頭	头发, 头
머리띠	headband	ヘアバンド	发卡
멀다	far	遠い	远
모자	hat	帽子	帽子
목	neck	首	脖子
목욕탕	public bath	銭湯	浴室
목욕하다	bath	入浴する	洗澡
몸	body	体	身体
몽골	Mongolia	モンゴル	蒙古

무	radish	大根	萝卜
무릎	knee	ひざ	膝盖
무리	group, party	群れ、集まり	群
무엇	what	何	什么
무지개	rainbow	虹	彩虹
문	door	門	门
문제	question/problem	質問、問題	问题
묻다	ask	尋ねる	问
물	water	水	水
미국	America	アメリカ	美国
미리	in advance	前もって	先
미장원	beauty parlor	美容院	美容室
믿다	believe	信じる	相信
밑	bottom	下	下边儿

ㅂ	영어	일본어	중국어
바꾸다	change	変える	换
바나나	banana	バナナ	香蕉
바다	sea	海	海
바람	hope wind	願い、望み	愿望
바람	wind	風	风
바쁘다	busy	忙しい	忙
바지	trousers	ズボン	裤子
박수	hand clapping	拍手	鼓掌
반	class/half	班、半	班, 一半
반갑다	glad	うれしい	高兴, 喜悦
받다	receive	受けとる、もらう	接受
발	foot	足	脚
밟다	step on	踏む	踏, 踩
밤	night/chestnut	夜、栗	夜间, 栗子
밥	boiled rice	ご飯	米饭
방	room	部屋	房间
밭	field	畑	田
배	boat/pear	お腹、船	船, 肚子, 梨
배우다	learn	習う	学习
백화점	department	デパート	百货商店
뱀	snake	蛇	蛇
버섯	mushroom	キノコ	蘑菇
버스	bus	バス	巴士
버찌	cherry	さくらんぼ	樱桃
번호	number	番号	号码
벌	bee	蜂、罰	峰, 惩罚
벌다	earn	稼ぐ	挣(钱)
벗다	take off	脱ぐ	脱(衣服)

베개	pillow	枕	枕头
벼	rice plant	稲	稻子
벽	wall, partition	壁	墙
벽시계	wall clock	壁時計	挂钟
별	star	星	星
병	bottle	病気、ビン	病，瓶子
병원	hospital	病院	医院
보건실	school infirmary	保健室	卫生室
보다	see, look	見る	看
보도	footpath	歩道	人行道
보리	barley	麦	大麦
부두	quay	埠頭	码头
부리	beak	くちばし	鸟嘴
부모	parents	父母	父母
부모님	parents	御両親	父母
부산	Busan	釜山	釜山(地名)
부엌	kitchen	台所	厨房
부자	rich person	金持ち	富人
분수	fountain	噴水	喷水
불	fire	火	火
불고기	roast meat	プルコギ	烤肉
불다	blow	吹く	吹
비	rain	雨	雨
비누	soap	石鹸	肥皂
비싸다	expensive	(値段が)高い	贵
비자	visa	ビザ	签证
비행기	airplane	飛行機	飞机
빌리다	borrow	借りる	借
빗	comb	クシ	梳子
빠르다	fast	早い	快
빵	bread	パン	面包
뽀뽀	kiss-kiss	キス、(チュー)	吻
뿌리	root	根	根
뿔	born	角	角

ㅅ	영어	일본어	중국어
사과	apple	りんご	苹果
사과씨	apple seed	りんごの種	苹果的种子
사다	buy	買う	买
사람	person	人	人
사랑	love	愛	爱情
사랑하다	love	愛する	爱
사리	coil	～束、～巻き、～玉	把儿
사무실	office	事務室	办公室

사설	leading article	社説	社说
사용	use	使用	使用
사유	reason	理由	事由
사이	relations, space	間、仲	关系, 间隔
사자	lion	ライオン	狮子
사장님	boss	社長(様)	老板
사전	dictionary	辞典	词典
사진	photo	写真	照片
삯	wages	料金、賃金	费, 工钱
산	mountain	山	山
산책	stroll	散歩	散步
살	flesh	肉、身	肌肉
살다	live	住む	住, 活
삼(인삼)	ginseng	参(人参)	人参
삼촌	uncle	叔父(父の兄弟)	叔父
상	table, praise	机、賞	上, 桌子
새	bird	鳥	鸟
색	color	色	颜色
생일	birthday	誕生日	生日
서리	frost	霜	霜
서울	Seoul	ソウル	首尔
서점	bookstore	書店	书店
선	line	線	线
선물	present	プレゼント	礼物
선생님	teacher	先生	老师
세계지도	map of the world	世界地図	世界地图
셔틀버스	shuttle bus	シャトルバス	校车
소	cow	牛	牛
소리	sound	音	声音
소설	novel	小説	小说
소설책	novel	小説本	小说(册)
손	hand	手	手
솜	cotton	綿	棉花
송(소나무)	pine tree	松(松ノ木)	松
수	number	数	数
수건	towel	タオル	手巾
수리	repair	修理、受理	修理
수박	watermelon	スイカ	西瓜
수술	operation	手術	手术
수업시간	school hours	授業時間	课时
수영	swimming	水泳	游泳
수영장	swimming pool	プール	游泳池
수저	spoon and chopsticks	さじと箸	勺子和筷子
숙제	homework	宿題	作业

숟가락	spoon	スプーン	勺子
숲	forest	森	树林
쉬다	rest	休む	休息
쉽다	easy	易しい、簡単だ	容易
스웨터	sweater	セーター	毛衣
스위스	Switzerland	スイス	瑞士
슬프다	sad	悲しい	哀痛
시	city, poem	市、詩	市, 诗
시계	clock	時計	表
시내	town	市内	市里
시소	seesaw	シーソー	跷跷板
시장	market	市場	市场
시차	time difference	時差	时差
식당	dining room	食堂	食堂
신용카드	credit card	クレジットカード	信用卡
싣다	load	載せる、積む	载
싸다	cheap	安い	便宜
쌀	rice	米	大米
쌀쌀하다	chilly	肌寒い	寒溗溗
쓰다	write	書く、使う	写, 花(钱)
쓰레기	waste	ゴミ	垃圾

ㅇ	영어	일본어	중국어
아가씨	young lady	お嬢さん、乙女	姑娘
아들	son	息子	儿子
아르바이트	part-time job	アルバイト	打工
아름답다	beautiful	美しい	美丽
아버지	father	お父さん	父亲
아야	Ouch, it hurts	(痛いときに発する声)「あいたっ」「痛い」	啊哟(疼的时候叫的声音)
아우	younger brother and sister	弟、妹	弟弟
아이	child	子供	孩子
아이들	children	子供たち	孩子们
아이스크림	ice cream	アイスクリーム	冰淇淋
아주	very	とても	很
아프다	painful	痛い	疼
아프리카	Africa	アフリカ	非洲
악수	handshake	握手	握手
안경	glasses	眼鏡	眼镜
앉다	take a seat	座る	坐
알다	know	知る	知道, 懂
앞	front	前	前边儿
애국	love one's country	愛国	爱国
야구	baseball	野球	棒球

야자수	palm tree	ヤシの木	椰子树
약	medicine	薬	药
양	sheep	羊	羊
양말	socks	靴下	袜子
얘기	talk	話	话儿
어깨	shoulder	肩	肩膀
어디	where	どこ	哪儿
어떤	what kind of	どんな、ある	何如
어렵다	difficult	難しい	难
어머니	mother	お母さん	母亲
언니	elder sister	お姉さん	姐姐
얼굴	face	顔	脸
없다	do not exist	無い	没有
에어컨	air conditioner	エアコン	空调
여권	passport	パスポート	护照
여기	here	ここ	这儿
여동생	younger sister	妹	妹妹
여우	fox	狐	狐狸
여유	afford, space	余裕	余裕
여자기숙사	women's dormitory	女子寄宿舎	女学生宿舍
연필	pencil	鉛筆	铅笔
열다	open	開ける	开
엽서	postcard	ハガキ	名片
영화	cinema, movie	映画	电影
옆	side	横	旁边儿
예쁘다	pretty	きれいだ、美しい	漂亮
오기	proud temper	負けず嫌い	傲气
오다	come	来る	来
오리	duck	カモ	鸭
오빠	one's elder brother	お兄さん	哥哥
오사카	Osaka	大阪	大阪
오이	cucumber	きゅうり	黄瓜
오토바이	motorcycle	オートバイ	摩托车
옷	clothes	服	衣服
옷장	clothes chest	クローゼット	衣柜
왜	why	何故	为什么
외국	foreign country	外国	外国
외삼촌	one's maternal uncle	母方の叔父	舅舅
외투	overcoat	外套	外套
요리사	a cook	コック	厨师
요리하다	cook	料理する	做菜
용	dragon	竜	龙
우산	umbrella	傘	雨伞
우유	milk	牛乳	牛奶

우체국	post office	郵便局	邮局
우표	stamp	切手	邮票
운동하다	take exercise	運動する	运动
운전	driving	運転	驾驶
울다	cry	泣く	哭
위	upper part	上	上边儿
유치	milk tooth	乳歯	幼稚
윷	the four-stick game, Yut	ユンノリ	翻板子
은행	bank	銀行	银行
읊다	recite	(詩などを)詠む	叹, 吟诵
음식	food	食べ物	饮食, 菜
음악	music	音楽	音乐
의자	chair	椅子	椅子
의지	will	意思	意志
이것	this	これ	这个
이국	strange land	異国	异国
이름	name	名前	名字
이모	one's maternal aunt	母方の叔母	姨母
이사	move	引っ越し	搬家
이야기	talk, conversation	話	话, 故事
이유	reason	理由	理由
인사	greetings	挨拶	招呼
인삼차	ginseng tea	人参茶	人参茶
인형	doll	人形	6娃娃
일	work	仕事	事
일본	Japan	日本	日本
일찍	early	早く	早早儿, 及早
읽다	read	読む	读
잃다	lose	失う	失, 丢
입	mouth	口	嘴
입다	put on	着る	穿
잎	leaf	葉	叶子

ㅈ	영어	일본어	중국어
자	ruler	定規	尺子
자녀	children	子女	儿女
자동차	car	自動車	车
자리	seat, place	席	座位
자유	freedom	自由	自由
자전거	bicycle	自転車	自行车
자주	often	たびたび	常常
작다	small	小さい	小
잔	cup/a glass of	杯, ～杯	杯, 杯子
잘하다	do well	上手だ	会, 善于

224

잠	sleep	睡眠	睡眠
잡지	magazine	雑誌	杂志
잣	pine nuts	松の実	松子儿
장	chapter	章	章
장미꽃	rose	薔薇の花	玫瑰
재미없다	uninteresting	面白くない	没意思
재미있다	interesting	面白い	有意思
저	I	私(わたくし)	那
저것	that one	あれ	那个
저고리	Korean jacket	チョゴリ、上衣	上衣
저기	that place	あそこ	那儿
적다	few	書く	少
전하	Royal Highness	殿下	殿下
전화	telephone	電話	电话
전화기	telephone set	電話機	电话机
전화카드	telephone card	テレフォンカード	电话卡
전화하다	call up	電話する	打电话
젊다	young	若い	年轻
접시	dish	皿	碟, 盘
젓가락	chopsticks	箸	筷子
정말	fact/really	本当、真実	真的, 相当
정세	situation	情勢	局势
젖소	milk cow	乳牛、雌牛	奶牛
좋다	good	良い	好, 良好
좋아하다	like	好きだ	喜欢
주말	weekend	週末	周末
주머니	pocket	巾着、ポケット	口袋儿
주사	injection	注射	注射
주사위	dice	サイコロ	色子
주스	juice	ジュース	果汁儿
죽	hot cereal	お粥	粥
준비	preparation	準備	准备
줄	rope	綱、～連	绳子
중국	China	中国	中国
중세	Middle Ages	中世	中世
즐겁다	pleasant	楽しい	愉快
증세	symptoms	症状	病象
지금	now	今	现在
지도	map	地図	地图
지우개	eraser	消ゴム	擦子, 橡皮
지하철	subway	地下鉄	地铁
직업	occupation	職業	职业
짚	straw	ワラ	秸子
찌다	steam	太る、蒸す	长胖

| 찍다 | take a photograph | 撮る | 劈, 砍 |
| 찜질방 | steam house | サウナや蒸し風呂のある施設 | 桑拿 |

ㅊ	영어	일본어	중국어
차	vehicle/ tea	車、お茶	茶, 车
차례	order	順番	順序
차이	difference	差異	差异
창문	window	窓	窗户
찾다	seek for	探す	找
채소	vegetables	野菜	素菜
책	book	本	书
책상	desk	机	书桌
청소하다	clean	掃除する	打扫
초	candle	ロウソク	秒
축구	soccer	サッカー	足球
출발하다	leave, start	出発する	出发
춤추다	dance	踊る	跳舞
춥다	cold	寒い	冷
층	floor	階	层
치마	skirt	スカート	裙子
치약	toothpaste	歯磨き粉	牙膏
친구	friend	友だち	朋友
칠판	blackboard	黒板	黑板
침대	bed	ベッド	床
칫솔	toothbrush	歯ブラシ	牙刷儿

ㅋ	영어	일본어	중국어
카드	card	カード	卡
캐나다	Canada	カナダ	加拿大
커피	coffee	コーヒー	咖啡
컴퓨터	computer	コンピューター	电脑
컵	cup	コップ	杯子
케이크	cake	ケーキ	蛋糕
코	nose	鼻	鼻子
코끼리	elephant	ぞう	大象
코코아	cocoa	ココア	可可
코피	nosebleed	鼻血	鼻血
크다	big	大きい	大

ㅌ	영어	일본어	중국어
타이프	type	タイプ	打字
타자	hitter	打者	击球员

타조	ostrich	ダチョウ	鸵鸟
탈	mask	お面	假面
태극기	the national flag of Korea	太極旗	太极旗
토끼	rabbit	ウサギ	兔子
토마토	tomato	トマト	西红柿
투수	pitcher	投手	投手

ㅍ	영어	일본어	중국어
파다	dig	掘る	挖, 掘
파도	wave	波	波浪
팥	red-bean	小豆	红豆
팥빵	red-bean bread	あんパン	红豆包
편지	letter	手紙	信
평	land measure of six squarecheok	-坪	-坪
포도	grapes	葡萄	葡萄
포크	folk	フォーク	叉子
표	ticket	表、票	票
표시	mark, sign	表示	表示
풀	grass/glue	草、糊	草, 糨糊
피서	summering	避暑	避暑
피아노	piano	ピアノ	钢琴
피자	pizza	ピザ	彼杂
필통	pencil case	筆箱	笔筒

ㅎ	영어	일본어	중국어
하나	one	ひとつ	一个
하마	hippo	カバ	河马
하얗다	white	白い	雪白
학교	school	学校	学校
한가하다	be free	暇だ	闲
한국사람	Korean	韓国人	韩国人
한국생활	living in Korea	韓国生活	韩国生活
한복	Korean clothes	ハンボク、韓服	韩服
핥다	lick	なめる	舐
해	sun	太陽	太阳
허리띠	belt	ベルト	裤腰带儿
허수아비	scarecrow	かかし	稻草人
헬스센터	health training center	ヘルスセンター	健身中心
혀	tongue	舌	舌头
형	elder brother	お兄さん	兄
화가	painter	画家	画家
휴게실	resting room	休憩室	休息厅
휴지	toilet paper	ティッシュ	卫生纸